**EDAF**
MADRID - MÉXICO

GIANCARLO TAROZZI

# REIKI
Energía y curación

«PLUS VITAE»

Título del original italiano:
Reiki, Energia e guarigione

Traducido por:
MANUEL ALGORA

© 1991. Edizioni Amrita
© 1993. De la traducción, Editorial Edaf, S. A.
© 1993. Editorial EDAF, S. A. Jorge Juan, 30. Madrid
Para la edición en español por acuerdo con C.P.1, 10094 GIAVENO (TO) ITALY

Dirección en Internet: http://www.arrakis.es/~edaf
Correo electrónico: edaf@arrakis.es

No está permitida la reproducción total o parcial de este libro, ni su tratamiento informático, ni la transmisión de ninguna forma o por cualquier medio, ya sea electrónico, mecánico, por fotocopia, por registro u otros métodos, sin el permiso previo y por escrito de los titulares del Copyright.

Depósito legal: M. 7.443-1999
ISBN: 84-7640-703-3

PRINTED IN SPAIN            IMPRESO EN ESPAÑA
IMPRIME: IBÉRICA GRAFIC, S. L. - FUENLABRADA (MADRID)

# ÍNDICE

|  | Págs. |
|---|---|
| INTRODUCCIÓN | 11 |
|    ¿Por qué un libro sobre el Reiki? | 11 |
|    Acción del Reiki | 13 |
| EL REIKI Y LA CURACIÓN | 17 |
|    El Reiki y la energía | 18 |
|    El Reiki y la medicina Holística | 19 |
|    Cómo actúa el Reiki | 21 |
| LA HISTORIA DEL REIKI | 25 |
|    Los principios del Reiki | 32 |
| LAS INICIACIONES DEL REIKI | 33 |
|    La enseñanza del Reiki | 36 |
|       *El Primer Nivel* | 37 |
|       *El Segundo Nivel* | 40 |
|       *El Tercer Nivel* | 41 |
| PRÁCTICA DEL REIKI | 43 |
|    Algunos consejos válidos para los niveles primero y segundo: | 44 |

*Págs.*

| | |
|---|---|
| El medio ideal para los tratamientos | 44 |
| ¿...Y si no funciona? | 46 |
| ¿Por qué hay que pagar los tratamientos? | 48 |
| La confianza en el Reiki | 49 |

**PRIMER NIVEL. EL CUERPO** ............................................. 51

El tratamiento de base: cuándo y cómo efectuarlo ....... 52
   *Curación* ............................................................................. 52
   *Tiempo previsto para el tratamiento de base* .................. 52
   *Centrado del corazón* ...................................................... 53
Antes de comenzar el tratamiento ..................................... 54
   *Tratamiento en grupo* ...................................................... 55
Cómo practicar el tratamiento de base .............................. 56
   *Primera fase* ...................................................................... 56
   *Segunda fase* ..................................................................... 57
   *Tercera fase* ....................................................................... 60
Significado de las sensaciones ............................................ 65
   *Frío* ..................................................................................... 65
   *Calor* .................................................................................. 67
   *Ninguna sensación* ........................................................... 67
   *Dolor* .................................................................................. 67
Tratamiento rápido ............................................................... 68
El autotratamiento ................................................................ 69
   *Cómo efectuar el autotratamiento* .................................. 72

**SEGUNDO NIVEL. EL MENTAL** ........................................ 75

El tratamiento mental ........................................................... 77
Los simbólos del segundo nivel ......................................... 79
   *El primer símbolo* ............................................................ 80
   *El segundo símbolo* ......................................................... 81
   *El tercer símbolo* .............................................................. 82
Práctica del tratamiento mental .......................................... 82
Tratamiento a distancia ........................................................ 83

*Págs.*

    *Consejos para el tratamiento a distancia* ............... 85
    *Práctica del tratamiento a distancia* ..................... 86
    *Otros empleos del tratamiento a distancia* ........... 87
  El tratamiento kármico ............................................. 87

TERCER NIVEL. LA CONCIENCIA ............................... 91

OTRAS APLICACIONES DEL REIKI ............................. 93

  Los animales .............................................................. 93
  Las plantas ................................................................ 95
  Otras aplicaciones ..................................................... 97
  Los alimentos ............................................................ 97
  Los medicamentos .................................................... 98
  Los objetos ................................................................ 98

MEDITACIÓN PARA LA SALUD DEL PLANETA ........ 99

  La importancia de las formas del pensamiento ..... 101
  Cómo enviar energía a la tierra ............................... 102

REIKI Y REEQUILIBRADO DE LOS CHAKRAS ........... 105

  Aura y cuerpo bioplásmico ...................................... 105
  Reequilibrado de los Chakras .................................. 108
  Reiki y Chakras ......................................................... 110
  Los siete Chakras fundamentales ............................ 112
  Principios de la alianza de los maestros de Reiki .. 117
  Líneas fundamentales ............................................... 118

DIRECCIONES ÚTILES ................................................... 123

# INTRODUCCIÓN

## ¿POR QUÉ UN LIBRO SOBRE EL REIKI?

DESDE hace algunos años, el Reiki conoce un gran desarrollo en Occidente; pese a todo, el número de escritos sobre esta terapia es aún insuficiente. Han aparecido artículos en Europa y en Estados Unidos, pero en la mayor parte de los casos se trata de textos de carácter esencialmente práctico, destinados a quienes utilizan ya esta técnica.

En cuanto a nosotros, hemos decidido, por el contrario, inscribir el Reiki en un marco más amplio ligado a nuestra época actual, caracterizada por el descubrimiento (sería más preciso decir redescubrimiento) de técnicas naturales que, de modo general, el hombre conocía en otro tiempo, pero que luego ha rechazado o ignorado.

Definir el Reiki es extremadamente difícil, pues su esencia es inasible; sin embargo, se podría decir que se trata de un método que permite encontrar la armonía con lo que nos rodea, y que se caracteriza por la simplicidad y por la poca importancia que concede a las elucubraciones mentales.

Los orígenes del Reiki se pierden en la noche de los tiempos —se encuentran en sutras budistas muy antiguos—

pero fue redescubierto a mediados del siglo pasado por un profesor japonés de teología, Mikao Usui. Esto es importante, ya que, dado que existen muy pocos escritos sobre la cuestión, se tiende a menudo a atribuir la paternidad del Reiki al mismo Usui, lo que coloca esta práctica en un contexto histórico y cultural bien preciso, y mucho más próximo a nosotros de lo que lo está en realidad.

En el Reiki, no hay ni dogmas, ni actos de fe, ni reglas inflexibles y absolutas; una vez que se han abierto los canales por los que pasa la Energía (al final de una serie de ceremonias rituales), cualquiera está en condiciones de sacar de él lo que está dispuesto a recibir.

Para algunos, es un método de curación; para otros, una de las muchas formas de prepararse a experimentar un proceso de expansión interior, y de decidirse a aceptar las experiencias de la vida como lecciones de la Realidad; para otros aún (quizá), se trate de una profesión.

Quedan aquí planteados una serie de temas que abordaremos a lo largo de las páginas de este libro; sin embargo, hemos de decir que el Reiki no es nada de todo eso, y al mismo tiempo es un poco de todo eso, y muchas otras cosas además. Como toda forma de relación con la Energía, lo que cuenta ante todo es el uso que el Hombre quiere hacer de ella; la electricidad o la energía nuclear no son en sí mismas ni buenas ni malas, pero podemos convertirlas en un instrumento de vida o en un instrumento de muerte.

He ahí justamente el problema: la eficacia del Reiki. Probablemente será cada vez más conocido en los próximos años, y corre el riesgo de convertirse —como a menudo sucede— en un bien de consumo o en un símbolo social. Es por ello que nos parece importante decir claramente lo que implica la decisión de vivir este tipo de experiencia. Hemos dicho que la eficacia del Reiki es un problema, pues muchos deciden vivir esta experiencia simplemente por curiosidad, lo que equivale a decir que juegan con fuego.

No hablamos de quienes se someten a los tratamientos del Reiki: se puede afirmar que se trata de una técnica que reduce al mínimo el riesgo de amalgamar la energía del donante con la del receptor. En consecuencia, estimamos que se la puede aconsejar a cualquiera. Pensamos más bien en quienes deciden convertirse en canales activos, es decir, quienes se aprestan a recibir lo que se llaman las iniciaciones a los diferentes niveles.

No se plantea ningún problema si se aborda el Reiki considerándolo como parte integrante de un proceso personal de maduración interior, sobre todo si estamos dispuestos a vivir todas sus fases; en cierto modo, podría decirse que el Reiki es una especie de atajo que permite vivir en sucesión rápida diferentes experiencias interiores que exigirían si no muchos años.

A este respecto, es preciso ser claros: las iniciaciones del Reiki, sobre todo más allá del primer nivel, entrañan una transformación energética e interior que acaba por ser guiada por la Realidad y no por nuestro ego; pero ello carece de importancia si lo anhelamos realmente, y si estamos dispuestos a volver a poner en tela de juicio todas las certidumbres que hemos adquirido hasta entonces, incluso las relativas al Reiki.

## ACCIÓN DEL REIKI

El Reiki utiliza ritos de activación energética (las llamadas iniciaciones) y una serie de símbolos para canalizar y orientar la energía.

Esto no significa forzosamente que se trate del «buen

rito» o del «buen símbolo» para obtener los resultados esperados: como cualquier forma de pensamiento, estos símbolos han devenido verdaderos arquetipos por haber sido repetidos de modo consciente y durante largo tiempo por un gran número de personas.

El espíritu humano tiene necesidad de alimentarse de preguntas sobre la autenticidad de este simbolismo: a un nivel no mental, en el que actúa el Reiki, este tipo de problema carece enteramente de importancia. A fin de cuentas, la mayor parte de los símbolos y de los ritos sagrados basan toda su fuerza en su repetición constante en el tiempo por parte de quienes los utilizan.

En cualquier caso, el Reiki no es ni mejor ni peor que muchas otras técnicas que vuelven a hacer su aparición en este momento: simplemente, es útil a algunas personas que se sienten atraídas por este tipo de práctica. No hay más que una sola Verdad, mientras que existen numerosas formas de alcanzarla, tantas como tipos de seres humanos; ninguna de estas vías es privilegiada. Lo importante es recordar siempre que se trata de un medio y no de un fin. Nunca hay que confundir la ruta con su destino; de otro modo, se corre el riesgo de perderse en un laberinto de formas mentales.

Es en este espíritu que os pedimos leer las páginas siguientes: os invitamos a emprender viaje hacia una región que quizá muchos de entre vosotros no conozcáis. Sin embargo, esta obra quiere ser una especie de guía turística para permitiros, en primer lugar, comprender si deseáis visitarlo, y para indicaros lo que hay de más importante una vez que hayáis llegado a término.

Al mismo tiempo, los que han decidido recibir el Reiki encontrarán aquí referencias, lo que lo convierte en un verdadero manual de consulta. En efecto, la enseñanza de los seminarios se transmite verbalmente, y en consecuencia un buen número de puntos concernientes a las técnicas a aplicar, y la forma de tratar las principales patologías son a menudo olvidados, o bien asimilados de manera bastante imprecisa. Esto no es grave, pues no hay nada rígido en el Reiki; como más tarde veremos, éste surge efecto independientemente de las técnicas y de las posiciones; sin embargo, lo que se enseña en el marco de los seminarios es el fruto de decenios de experimentación y de aplicaciones prácticas, y constituye, por tanto, un modelo aconsejado sobre la base de la eficacia y de los buenos resultados de esta terapéutica. He aquí la razón por la que hemos decidido precisar en este libro sus puntos esenciales.

Desde luego, los capítulos consagrados a los tres niveles no pretenden reemplazar la enseñanza efectiva, pues ésta no puede ser transmitida más que por relación directa con la persona que ya ha madurado una experiencia global de los tres niveles, y que está en condiciones de abrir los canales energéticos por medio de las iniciaciones, pero quieren, de una parte, proporcionar enseñanzas a todos los que no han decidido recibir el Reiki y constituir, por otra, un manual de referencia destinado a quienes, por el contrario, viven y anhelan aplicar una experiencia de Reiki.

# Reiki

## USUI SHIKI RYOHO

# EL REIKI Y LA CURACIÓN

LA primera reacción en la que podemos pensar en presencia de una disciplina «nueva» es la desconfianza: en el curso de los últimos veinte años, se ha asistido a la proliferación (y muy a menudo a la desaparición rápida) de técnicas y de métodos más o menos ocultos, y sobre todo más o menos valiosos, correspondientes a lo que se ha convenido en llamar ciencias alternativas.

Si, por una parte, se trata de un signo innegable de la afirmación de una mentalidad más abierta y menos dogmática —y ello contribuye a preparar el advenimiento de una nueva Era para la humanidad—, no es menos cierto que esta tendencia ha propiciado importantes fenómenos especulativos.

En primer lugar, hemos de decir que el Reiki no tiene nada que ver con todas las modas de estos últimos años. Incluso su forma actual fue establecida a fines del siglo pasado, y podemos encontrar sus orígenes en ciertos sutras budistas que datan de aproximadamente el siglo V antes de Jesucristo (ver a este respecto nuestro capítulo sobre la historia del Reiki).

## EL REIKI Y LA ENERGÍA

Pero... ¿qué es el Reiki? Reiki es un término japonés (la pronunciación correcta, no utilizada prácticamente nunca en Occidente, es leiki) compuesto de dos términos, *rei* y *ki*. Ambos se refieren a la energía universal, la cual ha recibido numerosos y diferentes nombres en las diversas civilizaciones actuales y pasadas: «chi» para los chinos, «prana» para los indios, «energía orgónica» para Wilhelm Reich, «energía bioplásmica» para los investigadores soviéticos, que fueron los primeros en fotografiar un aspecto de ella con su Cámara Kirlian, etc. La diferencia entre estos dos términos es la de que *rei* indica el lado universal y unitario de la energía, mientras que *ki* expresa su manifestación más específica en el seno de todo ser vivo.

Tenemos los canales energéticos sobre los que actúa la acupuntura, los que denotan las placas estudiadas por Giuseppe Calligaris, la energía presente en los chakras y canalizada por el kundalini yoga, la desarrollada y amaestrada por disciplinas como el Aikido y el Tai Chi Chuan... Una vez más, podríamos continuar esta enumeración durante mucho tiempo, pero creemos que los ejemplos que acabamos de dar bastan para traducir la universalidad de nuestro asunto. Resumiendo, digamos que el Reiki establece la armonía entre la energía personal y la energía universal.

Aparte de los ejemplos que acabamos de mencionar, puede decirse que todas las grandes civilizaciones desarrolladas en el curso de los siglos han establecido bajo diferentes formas la existencia de esta energía universal, más recientemente sobre el plano filosófico y, en la Antigüedad, bajo la forma de un conocimiento esotérico y de los Misterios transmitidos en el marco de las diversas sociedades iniciáticas. Paralelamente, se ha perpetuado el conocimiento de las técnicas de curación, y podemos encontrar por todas partes las huellas de esto: del Egipto antiguo a las tradiciones amerindias, de los esenios a los rosacruces, etcétera.

Siguiendo con esta cuestión de la Energía universal, también las investigaciones científicas recientes, como muchos otros dominios, han comenzado a aproximarse a las tradiciones esotéricas. Citemos, por ejemplo, la teoría de la supergravitación, uno de los más recientes desarrollos de la física cuántica. Esta teoría se apoya sobre la existencia de un campo energético perfectamente equilibrado y autosuficiente, un campo unitario y universal que actúa como arquetipo de las manifestaciones concretas de la materia. No nos hallamos tan lejos de la Energía universal de la que hablamos a propósito del Reiki.

## EL REIKI Y LA MEDICINA HOLÍSTICA

Realizando esta armonía entre la energía individual y la universal, el Reiki permite, entre otras cosas, desencadenar un proceso global de curación natural; ciertamente, esta «rearmonización» con la realidad no significa solamente una solución a los problemas físicos o emocionales. Significa asimismo que volvemos a encontrar el sentido más profundo de la existencia, que aprendemos a aceptar y a interpretar todos los sucesos que se producen. Todo esto es particularmente precioso en el mundo occidental, que desde hace mucho tiempo se ha habituado a razonar de forma analítica, descomponiendo, seccionando e interpretando los diferentes elementos sin tener en cuenta la situación global de la que forman parte.

La visión que se deriva del enfoque del Reiki es, por el contrario, holística, global: no hay sino una sola y única

Realidad, más allá de sus diferentes manifestaciones aparentes en el espacio y el tiempo, y nosotros somos parte integrante de ella, una parte carente de privilegios. Nuestro cuerpo, nuestro espíritu, nuestra conciencia no son sino aspectos, facetas de este conjunto, un poco como los pequeños puntos que forman las fotografías reproducidas en los periódicos y que no tienen importancia más que por su relación con la imagen a la que pertenecen.

Es también por ello que se dice que el Reiki sólo puede manifestarse a través del amor: en efecto, si comprendo perfectamente que mi prójimo y yo mismo no formamos sino un solo ser, no puedo evitar amarle como a mí mismo, pues, a fin de cuentas, mi prójimo es yo mismo. Es sólo sobre la base de este tipo de consideración que podemos ayudar realmente a los demás: mientras nos sintamos importantes, o incluso solamente «buenos» porque podemos curar a alguien, no nos colocaremos al mismo nivel que esta persona, sino en una posición ligeramente superior. En tal caso, ya no es la energía universal —el *rei*— la que actúa, sino nuestra energía personal —nuestro *ki*— que actúa a través nuestro.

Practicar el Reiki significa aprender a ser un canal, a «dejar hacer» a la Realidad; y si llegamos a ello, será que hemos desencadenado en nosotros un proceso importante de curación y de maduración. Los mayores problemas que se plantean con el Reiki se hallan casi siempre ligados a la voluntad de autoafirmación del ego, a la dificultad de añadir una brizna de humildad a lo que hacemos, renunciando a sentirnos en el centro del mundo.

El Reiki propone al individuo ser un canal, dejar pasar la energía a través suyo para que llegue allí donde sea particularmente necesaria. A este respecto, el Reiki es muy simple: carece de toda noción compleja que asimilar o comprender, pues esta experiencia concierne antes al corazón que al espíritu. Lo único que se exige es la disponibilidad; tras la apertura de los canales energéticos efectuada a la salida de las cuatro iniciaciones (volveremos sobre ello más tarde), el resto sucede de forma muy natural. Las técnicas mismas, las posiciones y todo lo que se describe en este libro, no son sino informaciones, sugerencias derivadas de la experiencia madurada en el curso del siglo pasado por los maestros de Reiki y relativas a la mejor forma de canalizar la energía, pero su conocimiento y su aplicación minuciosa no son absolutamente indispensables.

En fin, si conseguimos acceder a la escucha de nosotros mismos, bastará seguir nuestra intuición y «dejar hacer a las manos» sobre el cuerpo del paciente, allí donde la energía sea particularmente necesaria. Y eso no es todo: numerosas observaciones experimentales han demostrado que una vez que ha entrado en el cuerpo la energía, se dirige espontáneamente al lugar en el que hace falta, un poco como un líquido que se adhiere de modo natural a las paredes del recipiente que lo contiene.

Lo único que podemos pretender hacer es tratar de ayudar, de favorecer el proceso de curación que está en curso, pero sin olvidar nunca que no somos sino un instrumento y que, en consecuencia, el papel de nuestro ego es de todo punto marginal.

## CÓMO ACTÚA EL REIKI

Por lo que concierne más específicamente a la curación natural, los procesos del Reiki actúan sobre todos los planos del individuo, sin limitarse al aspecto físico: en efecto, se induce una armonización de todos los desequilibrios pasados y presentes, planteando a menudo problemas olvidados o rechazados. Es por ello que vemos frecuentemente reaparecer enfermedades en las que ya no pensábamos, o dificultades emocionales que creíamos resueltas.

Se trata de una verdadera acción de desintoxicación, como la asociada a un periodo de ayuno: todas las toxinas físicas y psíquicas vuelven a circular para ser definitivamente expulsadas. En efecto, en casi todos los casos, al final de las primeras sesiones, el estado del paciente se agrava en lugar de mejorar; ello no tiene nada de asombroso para quienes conocen ya otras técnicas de curación natural (la homeopatía, por ejemplo), pero puede entrañar una crisis profunda en quienes no se hallan preparados y carecen de noción alguna sobre el restablecimiento del equilibrio global.

Del mismo modo que hay muchas técnicas posibles de Reiki, hay numerosas definiciones de las sensaciones percibidas en el curso del tratamiento. Algunos pacientes se distienden por completo y a menudo se duermen, otros son nerviosos y tienen dificultades para dejarse ir; unos sienten la energía provenir de las manos del terapeuta, otros, por el contrario, tienen la impresión de que no pasa absolutamente nada.

En cualquier caso, se trata de sensaciones completamente subjetivas que no tienen nada que ver con la esencia del proceso de curación en curso, pero que pueden proporcionar preciosas informaciones en cuanto al comportamiento interior del paciente frente al tratamiento, comportamiento que en ciertos casos puede ser completamente diferente del que muestra externamente.

Lo que se puede afirmar con certeza es que el Reiki no puede ser nocivo en ningún caso; se ha dicho que la energía se dirige espontáneamente allá donde es necesaria, y en consecuencia un diagnóstico erróneo de los problemas a tratar no hace correr ningún riesgo al sujeto: independientemente de nuestra voluntad, es la energía misma la que se dirige allá donde es útil para desencadenar el proceso de curación.

El Reiki es, pues, una de las herramientas de que dispone el hombre contemporáneo para afrontar una existencia cada vez más alejada del ritmo natural de la vida, y en el curso de la cual se encuentra cada vez con más dificultades para permanecer en contacto con su esencia más íntima; es una terapéutica natural al servicio de quienes tienen necesidad de ella... Pero es algo todavía más profundo y sagrado para quienes quieren restablecer la armonía con el ritmo de la Realidad.

Doctor Mikao Usui

# LA HISTORIA DEL REIKI

SI hemos decidido contar lo poco que sabemos de la historia del Reiki, no es porque ésta sea particularmente importante, ni para conferir un valor específico a los personajes que aparecen en ella, sino simplemente para satisfacer una exigencia, propia de la cultura occidental, de analizar, de esquematizar, de encontrar una fuente y un origen a todo lo que se nos propone.

Los personajes de esta historia no son particularmente importantes, ni siquiera los Maestros que hoy en día consagran su vida a una difusión del Reiki en el mundo lo más amplia posible, pues, de hecho, no son más que canales, instrumentos de los que la Realidad se sirve conduciendo su evolución, como la de todos aquellos que deciden ponerse al servicio de la humanidad.

El antiguo método de curación natural bautizado en nuestros días con el nombre de Reiki, fue redescubierto hacia mediados del siglo pasado por Mikao Usui, monje cristiano y rector de la Universidad Cristiana de Kioto, la Universidad Doshisha. Un estudiante le preguntó un día si había asistido a fenómenos de curación milagrosa como los que describen los Evangelios y si él mismo, Usui, era capaz de curar como Jesucristo.

Esta pregunta hizo nacer en él el deseo de buscar, de conocer, y desde la mañana siguiente decidió dejar la Universidad para estudiar más a fondo el cristianismo y sus costumbres, esperando así captar el sentido profundo de la curación.

Usui se instaló en los Estados Unidos, pasó en la Universidad de Chicago una licenciatura en teología, especializándose en las Escrituras cristianas antiguas, sin encontrar, no obstante, las respuestas que buscaba.

Insatisfecho igualmente con los textos chinos antiguos, marchó al norte de la India para estudiar allí antiguos textos sánscritos (conocía muy bien el sánscrito, el chino, el japonés y el inglés, lo que fue muy útil para sus investigaciones), pero de nuevo sin obtener resultado.

Decidió entonces extender sus investigaciones al budismo, pues, conforme a la Tradición, también el Buda podía curar a los enfermos; volvió, pues, al Japón para profundizar en esta cuestión.

Usui se puso a visitar los santuarios budistas de su país, a la búsqueda de un monje que tuviera un buen conocimiento de los antiguos principios de la curación; tras largas peregrinaciones, fue recibido por el viejo abad de un monasterio zen cerca de Kioto que se interesó por él, y que le permitió estudiar los antiguos sutras budistas conservados en su Instituto.

Usui no encontró gran cosa ni en las traducciones japonesas ni en las chinas, pero cuando se dirigió a los escritos originales en sánscrito, tuvo la impresión de descubrir lo que buscaba: en las enseñanzas orales del Buda, fielmente transcritas por uno de sus discípulos desconocidos, encontró fórmulas, símbolos y métodos de curación adoptados por el Buda mismo.

Al cabo de siete largos años de investigación, Usui se había acercado a su objetivo pero nada más. Poseía el conocimiento, las claves de la curación, pero carecía del poder para servirse de ellas.

Pese a las tentativas de disuasión del superior del monasterio, que le decía que podía ser peligroso seguir profundizando en este asunto a causa de las importantes energías implicadas, Usui decidió retirarse a meditar sobre la montaña sagrada de Kuriyama, no muy lejos de allí, y observar un ayuno absoluto de veintiún días.

Una vez llegado a la montaña, alineó delante suyo veintiún pequeños guijarros, y al final de cada jornada arrojaba uno para marcar el tiempo transcurrido.

Durante todo su retiro, no hizo otra cosa que leer los sutras, meditar y recitar mantras.

Al alba del vigésimo primer día, vio un rayo luminoso y brillante dirigirse velozmente hacia él.

Pese a su miedo, decidió no moverse, el rayo se hizo cada vez más grande y acabó por alcanzarlo en plena frente. Usui se dijo a sí mismo que iba a morir cuando vio de improviso miriadas de pequeñas burbujas multicolores de todos los tonos del arco iris. Inmediatamente después apareció una luz blanca sobre la que se destacaban, en oro, los símbolos sánscritos que había descubierto.

Usui dijo entonces: «Sí, los recuerdo.»

Es en este momento cuando nació la forma histórica actual del Reiki.

Cuando salió de este estado de conciencia, se dio cuenta de que el sol se encontraba ya en lo alto del cielo. Su hambre y su fatiga no le merecían importancia, pues una nueva energía se había apoderado de él.

Usui decidió entonces dejar la montaña. Durante el descenso se hirió en un pie, provocando el desgarro y la separación de la uña del dedo gordo, que se puso a sangrar abundantemente. Cegado por el dolor, se asió el pie durante algunos minutos: el dolor se calmó casi de inmediato y la hemorragia se detuvo.

Vio incluso su uña soldarse de nuevo. Fue la primera de una larguísima serie de curaciones.

Esa misma tarde, Usui volvió al monasterio, donde socorrió los dolores del abad que había tenido que guardar cama a consecuencia de una violenta crisis de artritis.

Al cabo de algunos días, decidió marchar a los guetos de Kioto para sanar a los mendigos y ayudarles a vivir en mejores condiciones, exhortando a los más jóvenes de entre ellos a buscar trabajo.

Pasó allí siete años, y entonces se dio cuenta de que todos aquellos a los que ayudaba tarde o temprano acababan por volver a vivir en las mismas condiciones que antes. Les preguntó por qué habían renunciado a su nueva vida, y ellos le respondieron que trabajar era demasiado fatigoso y preferían en consecuencia la vida de mendigo que les parecía más cómoda.

Esta respuesta trastornó profundamente a Usui, quien comprendió que se había limitado a proponer a estas gentes una curación y un remedio a sus problemas físicos sin enseñarles a ser agradecidos para con la vida y sin proponerles una solución radical a sus problemas.

Es entonces cuando elaboró los principios del Reiki, que encontraréis al final de este capítulo. Se trata de reglas universales, incluso si vienen expresadas en términos particulares propios de la cultura y de la psicología japonesas, y por ello su aplicación es mucho más simple de lo que pudiera creerse. No pretenden en absoluto constituir un sistema de dogmas o de morales, sino simplemente una base para la reflexión y la meditación. Su sentido último es el de una invitación a vivir en armonía con las experiencias propuestas por la Realidad.

Poco tiempo después, Usui decidió abandonar definitivamente el gueto y volver a Kioto, donde, como Diógenes, comenzó a recorrer, con una linterna en la mano, las calles de la ciudad; cuando le preguntaban qué hacía, respondía que buscaba personas en busca de la Luz, personas dispuestas a curarse realmente.

Es en ese momento cuando comienza la última fase de su existencia, la cual será consagrada por entero a la enseñanza del Reiki.

Usui se encuentra ahora enterrado en un templo de Kioto, y la historia de su vida, cuyos principales sucesos acabamos de resumir, se halla grabada sobre su lápida funeraria.

Antes de su muerte, Usui escogió, entre quienes le parecía que habían asimilado mejor sus enseñanzas, a su sucesor, en la persona de Chujiro Hayashi, oficial de marina retirado; lo inició en la función de Gran Maestro, y le encargó preservar la integridad y pureza de los preceptos del Reiki.

Hayashi, que comprendió cuán importante era codificar las técnicas del Reiki (cuyos rasgos esenciales describimos en este libro) y al mismo tiempo probar su eficacia, fundó y dirigió hasta 1941 una clínica en Tokio (establecimiento que fue destruido durante la guerra); en ella se practicaba el Reiki sobre los pacientes, eventualmente las veinticuatro horas del día en los casos particularmente graves, y, muy a menudo, por varios terapeutas a la vez.

A la luz de la serie estudiada y suministrada por Hayashi, parece que el Reiki llega en primer lugar a descubrir en el individuo la causa primera de sus síntomas físicos, a remediar a continuación sus carencias vibratorias y energéticas, y a restablecer finalmente su equilibrio global.

Además del tratamiento de los pacientes, la clínica aseguraba igualmente una preparación a todos los que querían curar a otras personas por medio del Reiki; a partir de ese momento, numerosos estudiantes comenzaron a curar por todo el Japón.

El tercer Gran Maestro de la historia actual del Reiki es Hawayo Takata, que dejó las islas Hawai para marchar al Japón a hacerse operar de un tumor; algunos días antes de la intervención, decidió intentar de todos modos un tratamiento en la clínica de Hayashi.

En el curso de su hospitalización, el cáncer se resorbió de forma evidente y Takata se interesó cada vez más por el Reiki; decidió incluso permanecer en Japón todo el tiempo que fuera necesario para convertirse en discípula de Hayashi.

Al cabo de un año, más o menos, tomó el camino de vuelta a las islas Hawai y se puso a curar a otras gentes; algunos meses más tarde, Hayashi se reunió con ella en Hawai y, juntos, curaron enfermos y enseñaron el Reiki, que hizo así su aparición en Occidente.

En 1941, Hayashi, creyó próxima su muerte, hizo de Takata la tercer Gran Maestro.

Hacia 1970, Hawayo Takata decidió iniciar a otros Maestros de Reiki (a su muerte, en diciembre de 1980, tenía veintidós en EE.UU. y Canadá).

Poco antes de su muerte, Takata y algunos Maestros fundaron la Asociación Americana de Reiki, cuya misión era la de organizar y coordinar la transmisión de todo el patrimonio de experiencias del Reiki.

Posteriormente, esta asociación se escindió en dos ramas, todavía existentes y activas, con sede en los Estados Unidos.

Una de ellas es la Alianza Reiki, fundada en 1981 por Phyllis Lee Furumoto, hija menor de Takata, y veintiún Maestros, bajo la forma de una asociación abierta y sin fines lucrativos. En función de nuestra época, Phyllis Furumoto juzgó que ya no era necesaria una estructura vertical, y decidió recientemente, por esta causa, renunciar a su cargo de Gran Maestro, que le había sido conferido por su abuela, y extender a todos los Maestros de Reiki la facultad de iniciar a otros. La Alianza desarrolla más particularmente el enfoque espiritual y la experiencia del Reiki y, considerando que quienes desean verdaderamente evolucionar encuentran siempre aquello que necesitan, renuncia casi por completo a toda publicidad.

La otra es la Asociación Americana Internacional de Reiki (en inglés A.I.R.A.), fundada en 1982, y presidida por la antropóloga americana Bárbara Weber Ray, discípula de Takata. La A.I.R.A. prefiere concentrarse en un enfoque científico y experimental del Reiki; dispone de medios publicitarios bastante considerables (sobre todo en EE.UU.), y administra un centro de documentación e investigación extremadamente eficaz.

Más recientemente, la A.I.R.A. ha incluido otra serie de símbolos atribuidos a Usui; en consecuencia, el aprendizaje pasa de tres a siete niveles.

Está claro que ambos enfoques son complementarios, y aunque este libro trate sobre todo el enfoque de la Alianza, es evidente que el Reiki, como toda expresión de energías universales, está más allá y en la base de toda interpretación humana; no es menos cierto que quienes se interesan por este tipo de experiencia pueden escoger el enfoque que mejor les convenga, dirigiéndose a los organismos cuya dirección indicamos al final de este volumen.

## LOS PRINCIPIOS DEL REIKI

### NO TE PREOCUPES
### POR HOY

### NO TE INQUIETES
### POR HOY

### HONRA A TUS PADRES,
### A LOS MAESTROS Y A LOS ANCIANOS

### GANA HONESTAMENTE
### TU VIDA

### EXPRESA TU GRATITUD
### A TODOS LOS SERES VIVOS

# LAS INICIACIONES DEL REIKI

EL término «iniciación» se ha corrompido de tal manera que, desde el momento en que lo empleamos, resulta indispensable precisar su sentido.

Generalmente, este término da lugar a dos interpretaciones principales: una «occidental», la otra «oriental»; pero ésta no es sino una definición académica más, que indica dos enfoques diferentes de un mismo asunto, aunque el término en cuestión no tenga más que una sola significación profunda.

En Occidente, se entiende por iniciación un ritual o un conjunto de ritos que marcan la entrada en una sociedad iniciática o en una escuela de misterios, y ello desde las escuelas de los hierofantes egipcios hasta medios más recientes: la francmasonería, las nuevas escuelas de templarios, etcétera.

Habitualmente, estos ritos presentan dos aspectos complementarios. Uno es el aspecto sutil, mágico, en el sentido más sagrado del término, el cual permite desencadenar las energías interiores del candidato a la iniciación; el otro, por el contrario, es el aspecto didáctico, alegórico. En efecto, el rito representa simbólicamente, por su forma exterior, las pruebas a las que hará frente durante su evolución: podrá en todo instante encontrar una referencia y una enseñanza útiles en el recuerdo de su iniciación.

Por lo que respecta a Oriente, el término iniciación indica generalmente el despertar de ciertas facultades interiores activadas por un gurú, así como la transmisión de instrumentos o de temas de meditación nuevos (lo que sucede, por ejemplo, en el budismo tántrico tibetano); el aspecto sutil del rito es entonces preponderante en relación a su función didáctica, la cual puede encontrarse ausente. Por otra parte, existen en Occidente iniciaciones virtuales en las que no se exige más que la elaboración personal del contenido didáctico. Por extensión, «iniciación» significa hoy en día cualquier rito que marca la entrada en el seno de un grupo o la pertenencia a este último: desde los ritos de paso a la edad adulta entre los indios de América, hasta las novatadas de admisión de nuestras universidades o la aceptación en las bandas de los jóvenes. Incluso la entrada en sociedades secretas como los Carbonarios, la Mafia o la Tríada China comporta una ceremonia que se ha tomado prestada a los ritos iniciáticos.

Estas pocas precisiones resultaban necesarias, por cuanto que numerosos lectores, al oír hablar de iniciaciones, pueden fácilmente imaginar una escuela dogmática, juramentos, o incluso ritos ocultos.

No se trata de nada de esto. Las iniciaciones del Reiki son próximas al sentido oriental del término (no hay que olvidar, por otra parte, que la forma actual del Reiki nos viene de Japón), y tienen como objetivo abrir los canales por los que discurre la energía.

El Maestro de Reiki pone en marcha un proceso de activación con el fin de eliminar cualquier bloqueo que impida el flujo natural de la energía; después de lo cual, se está inmediatamente en condiciones de aplicar las enseñanzas recibidas y de tratar tanto a los demás como a uno mismo.

Como la eliminación de los bloqueos desencadena procesos muy poderosos en el iniciado, sucede a veces que un enfermo grave pide y obtiene la iniciación del Primer Nivel con el fin de ayudar a su propia curación.

Acabamos de hablar de un Primer Nivel, lo que podría parecer en contraste con el Reiki, siendo éste algo de lo más libre, de lo menos dogmático y de lo más natural... Pero, una vez más, es sólo una cuestión de términos.

El término «nivel» evoca inmediatamente la idea de una jerarquía, de clasificaciones, de esquemas... Por el contrario, aquí el término «nivel» indica simplemente que la transmisión del Reiki se hace en tres etapas, correspondientes a los tres planos de existencia en que se desarrollan las acciones humanas: el cuerpo, el mental y, en tercer lugar, la conciencia.

El objetivo, pues, no es el de crear una jerarquía, sino el de ofrecer a cada cual una experiencia gradual, de modo que pueda recibir y trabajar individualmente en la medida en que es capaz de comprender.

Es importante subrayar que, por el hecho de ser Maestro, no se tiene «más Reiki» que quienes escogen simplemente el Primer Nivel; del mismo modo, nuestros tratamientos no son más eficaces... Queremos desarraigar esta opinión muy extendida, y muy incorrecta, pues el Primer Nivel ofrece todo lo necesario para servirse del Reiki tanto para uno mismo como para los demás, y para vivir profundos procesos de curación.

A este respecto, es de la mayor importancia para nosotros afirmar que el Reiki es una clave para ponerse en contacto con la Naturaleza, con la Realidad, y que el acceso es libre a condición de sentir una motivación interior precisa ante esta experiencia. Si no, serán dinero y tiempo perdidos.

No esperéis tampoco tratamientos mágicos; la curación y la transformación sólo tienen lugar en quienes, de una forma u otra, han decidido ya curarse: en efecto, los procesos de curación más profundos exigen al paciente estar cara a cara consigo mismo. Sobrepasan la simple intervención sobre un problema físico determinado: implican por el contrario una curación global, que no podría tener lugar sin la voluntad de ir hasta el fondo de sus propios problemas.

Ya lo hemos dicho: el Primer Nivel ofrece todo lo necesario para practicar bien el Reiki, exactamente como nuestro cuerpo, que contiene todo lo que puede sernos útil para vivir nuestras experiencias de la Realidad. Este Nivel contiene, en estado embrionario, las experiencias propuestas en el curso de los Niveles superiores, donde las enseñanzas se retomarán de forma más detallada, lo que desencadenará procesos de curación más intensos todavía; quienes hayan vivido profundamente el Primer Nivel no encontrarán en ello ninguna dificultad, pero los Niveles superiores implican decisiones cada vez más motivadas, concernientes a nuestra propia evolución, así como la ofrenda de nosotros mismos en calidad de instrumento para los planes de la Realidad, lo que implica sobrepasar los límites de nuestro ego.

## LA ENSEÑANZA DEL REIKI

El sistema de curación natural redescubierto por Usui es enseñado en el mundo entero por los Maestros de Reiki, cuya formación ha tenido lugar en el respeto a la Tradición antigua; éstos han decidido entregar su existencia a la evolución interior, fuera y más allá de todo dogma, de todo credo institucional, y consagrarse a la enseñanza y a la práctica de la curación.

## El Primer Nivel

El seminario correspondiente se centra en cuatro encuentros de tres o cuatro horas cada uno, durante los cuales los alumnos reciben la iniciación. Ésta prevé cuatro ceremonias rituales y pone en funcionamiento en los iniciados capacidades de canalización de la Energía universal; se suministran igualmente informaciones sobre la historia del Reiki, enseñanzas concernientes a las aplicaciones prácticas, los tratamientos para los seres humanos, los animales y las plantas, y los autotratamientos; enseñanzas especiales les permiten también «tratar» ciertas situaciones de su propia existencia.

El Primer Nivel se dirige a todos aquellos que sienten su necesidad, y a menudo sucede que se trata de un niño o de un adolescente: sin embargo, no existe ningún riesgo de manipular su mente, ya que el Reiki no tiene nada que ver con ninguna ideología, siendo mucho más «científico» de lo que habitualmente se cree. Hay que recordar, de todos modos, que este carácter científico se ha desarrollado en un medio cultural profundamente diferente del nuestro.

La iniciación del Primer Nivel se compone de cuatro ceremonias que no son, como a veces se cree, otras tantas iniciaciones. Estas cuatro etapas tienen por objetivo suavizar el impacto del paso de la energía entre quienes no tienen costumbre de ello; se corresponden asimismo con los cuatro tratamientos de base que constituyen un proceso de curación (ver el capítulo consagrado al Primer Nivel), los cuales siguen un ciclo preciso.

La primera representa la toma de contacto, una especie de toque de atención frente a una situación congelada; la segunda desencadena el proceso de purificación, y es en ella donde comienza el verdadero trabajo. La tercera es el momento culminante del proceso, en el que se llegan a reconocer y deshacer los nudos, lo que permite una mejor circulación de la energía. La cuarta ve iniciarse la curación.

Permítasenos repetir que este ciclo es válido tanto para las fases de la iniciación como para los tratamientos, pues se trata finalmente de una sola intervención energética subdividida en cuatro partes. Normalmente, si el sujeto tiene razones ocultas para huir a todo proceso de evolución o de curación, es en la tercera etapa donde él abandona, cuando los problemas se imponen y debe hacerles frente.

Las únicas cualidades requeridas para tener acceso al Reiki son un espíritu abierto, el deseo de aprender y la voluntad de emplear lo aprendido para mejorar nuestra vida y la de los demás.

Por medio de la iniciación, tanto los niños como las personas de edad estarán en condiciones de emplear la Energía universal para curarse y tratar a su prójimo; y es ahí donde reside la belleza del Reiki, en su simplicidad: es una herramienta que comienza a funcionar desde la iniciación, y que ya no nos abandonará jamás.

Podéis dejarlo de lado durante largos periodos sin por ello perderlo: los canales energéticos abiertos ya no se cerrarán, y su disponibilidad permanecerá intacta aunque no utilizada. Desde el momento en que reemprendáis la práctica del Reiki, la energía volverá a fluir suavemente en vosotros.

Se trata de un dato importante, pues muchos iniciados sienten de vez en cuando la exigencia de dejar un poco de lado su práctica. En ciertos casos, a continuación de la iniciación del Primer Nivel, se puede tener la apertura espontánea de uno o varios chakras. Ello supone ajustes energéticos importantes que pueden abocar a un deseo inconsciente de tomarse tiempo para que el proceso se realice sin sobreañadir otros estímulos energéticos.

No hay que olvidar nunca que la acción de transmitir a otros el Reiki implica el paso de la energía a través de nosotros mismos y que, en consecuencia, somos enriquecidos y fortalecidos por ella: es la demostración del maravilloso principio natural según el cual es dando como se recibe.

Para que la iniciación del Primer Nivel se realice, es absolutamente preciso recibir un ciclo completo de tratamientos de base a continuación del seminario; habitualmente, son los otros participantes quienes se encargan de ello, todo lo cual permite fijar y anclar mejor el proceso de curación interior disparado por la iniciación.

Evidentemente, el seminario no es más que el comienzo del Primer Nivel: a partir de ese momento se tiene derecho a participar en cualquier otro seminario del mismo nivel en el mundo entero, de lo que habría que aprovecharse, según nuestro consejo, pues es una ocasión excelente de revivir esta experiencia y de enriquecerse más todavía con la enseñanza de Maestros diferentes.

La relación con nuestro Maestro de Reiki no tiene, evidentemente, nada que ver con la que se instaura entre el discípulo y su gurú según la tradición antigua; es, sin embargo, muy preciosa, pues representa el lazo con todo el patrimonio de experiencia del Reiki, una cadena directa e ininterrumpida desde Usui, que ofrece indicaciones útiles para hacer frente a los casos que nos serán sometidos durante los tratamientos.

Aquel al que llamamos aquí «nuestro Maestro» no es forzosamente el mismo Maestro que nos ha impartido la iniciación; es aquel por el que mantenemos un sentimiento especial, o bien aquél hacia el cual la Realidad parece habernos guiado «por azar».

## El Segundo Nivel

El seminario correspondiente está reservado a quienes han acabado el «training» del Primer Nivel y aplican sus enseñanzas; se compone de al menos dos encuentros, durante los cuales aquellos que desean profundizar en su trabajo interior y en su ayuda a los demás reciben la iniciación y los símbolos sagrados del Reiki; se les transmiten asimismo las técnicas descubiertas por Mikao Usui para el tratamiento al nivel mental y emocional, y para las terapias a distancia.

La iniciación sólo prevé una ceremonia, habiendo proporcionado el Primer Nivel el reforzamiento y la purificación del iniciado.

Hemos mencionado un mínimo de dos encuentros, pues aquí la relación con el Maestro es mucho más importante y no puede limitarse al aprendizaje de las técnicas o a la transmisión de la iniciación.

El Segundo Nivel corresponde al mental, ya lo hemos dicho; si el Primero está consagrado a la adquisición de bases sólidas para un proceso de evolución, debemos ahora poner en cuestión todas nuestras certidumbres, nuestros prejuicios, para reencontrar el gusto por el descubrimiento de la Realidad, ese sentimiento de asombro perpetuo que la mayoría de los hombres olvida pasada su infancia y que, sin embargo, es la única forma de interpretar los mensajes de todo lo que nos rodea y de nuestras experiencias.

Si queréis saber hasta qué punto estáis paralizados, volved a leer un libro o un pasaje que os haya impresionado considerablemente en otro tiempo; si no encontráis nada nuevo, estáis paralizados, mientras que si veis nuevos significados a cada lectura, vuestra actitud es abierta, tal como debería ser frente a cualquier suceso cotidiano, incluso si, aparentemente, no contiene ningún mensaje para vosotros.

El proceso puesto en marcha por el Segundo Nivel nos anima a fomentar esta actitud, y es por esto que la técnica que en él se enseña actúa ante todo sobre los problemas psíquicos (ved el capítulo dedicado al Segundo Nivel); al igual que para el Nivel precedente, es extremadamente importante recibir un ciclo completo de tratamientos del mental al final del seminario.

Por el añadido de los símbolos del Reiki, se tiene asimismo la ocasión de retomar los tratamientos del nivel físico aprendidos en el curso del seminario precedente, aplicándolos con una intensidad diferente.

## El Tercer Nivel

El Tercer Nivel es la iniciación a la función de Maestro de Reiki.

Esta elección no concierne únicamente al aspecto terapéutico. Se trata de una intención explícita de aceptar toda experiencia propuesta por la Realidad. Ser Maestro de Reiki significa esforzarse por fluir con el flujo de la existencia, por estar enteramente disponible, en tanto que instrumento y canal de la Energía universal...

Los verdaderos Maestros no descuidan la necesaria fase de maduración, de ordenación de las energías, entre ambos Niveles, pudiendo el apresuramiento causar estragos mayores; no hace falta decir que un trabajo hecho rápidamente, mal hecho, no tiene nada que ver con el Reiki, en el que cada nivel corresponde a un proceso de maduración interior, a un proceso de curación. Es francamente inútil, si es que no nocivo, anunciarse con el título de Maestro si no se acepta vivir enteramente todo aquello.

El Tercer Nivel lleva consigo una gran responsabilidad,

pues los procesos de curación y los movimientos de energía interior que desencadena son extremadamente poderosos; es preciso, a toda costa, que quien ya ha vivido esta experiencia pueda seguir de cerca a sus alumnos, guiándoles cuando se demuestre necesario.

No se trata por otra parte de una particularidad del Reiki: numerosas técnicas de yoga, como el pranayama o los tantras, pueden engendrar trastornos graves e incluso la locura, si no se acompañan de un adiestramiento físico y una alimentación apropiados que permitan al cuerpo soportarlas bien

# PRÁCTICA DEL REIKI

HE aquí algunas indicaciones generales que os aconsejamos seguir durante un tratamiento de Reiki. Naturalmente, no tienen nada de absoluto, pero estas pocas sugerencias son el fruto de cien años de experiencia de los Maestro de Reiki, y representan un patrimonio común a todos nosotros, transmitido de Maestros a alumnos.

Dicho esto, todos somos invitados a enriquecer libremente estas indicaciones por medio de nuestro aporte personal.

Las páginas siguientes explican las posiciones de base válidas para los tratamientos del Primero y del Segundo Nivel, tal como se aprenden en el curso de los seminarios, pero puede suceder que un Maestro os enseñe algunas variantes: eso no es grave, se tratará sin duda de su elaboración personal, dictada por su propia experiencia.

Experimentad, y escoged directamente las variantes que mejor os convengan.

De todos modos, una vez que vuestra práctica esté suficientemente consolidada, os aconsejamos fiaros de vuestra intuición: la descripción del tratamiento no será ya más que una línea directriz general para asegurarse, por ejemplo, de que no será olvidado ningún chakra en el curso de la sesión (ver el capítulo sobre los chakras).

Si sentís que vuestras manos se orientan solas hacia otro punto, si sentís que es mejor insistir un poco más en una cierta posición, seguid vuestra intuición.

## ALGUNOS CONSEJOS VÁLIDOS
## PARA LOS NIVELES PRIMERO Y SEGUNDO:

— Aseguraos de que vuestro paciente no cruza las piernas.

— Si está tumbado sobre su espalda, invitadle a extender sus brazos a lo largo del cuerpo. Cuando tratéis la espalda, los brazos podrán permanecer estirados, o bien replegados sobre la cabeza.

— Si no podéis tocar a vuestro paciente (como es el caso de los quemados), mantened vuestras manos a dos centímetros de su piel.

— No debéis separar nunca vuestros dedos durante el tratamiento, a fin de concentrar el flujo de energía.

— Quitaos anillos, brazaletes, sortijas: es cierto que el Reiki pasa a través de cualquier sustancia, pero los metales parecen volver más lenta su acción.

— Antes y después de cualquier tratamiento, lavaros las manos con agua para descargar cualquier energía que no sea la del Reiki.

## EL MEDIO IDEAL PARA LOS TRATAMIENTOS

Sin ser indispensable, es evidente que un medio apacible puede facilitar el desencadenamiento del proceso y aumentar la disponibilidad del sujeto frente al tratamiento que recibe; por otra parte, será también más agradable para vosotros.

Nunca se repetirá lo bastante que este tratamiento no es más que un fenómeno natural, y que el papel del terapeuta se resume en su función de canal: evitad en consecuencia toda concentración mental sobre lo que estáis haciendo, y consagrad el tiempo del tratamiento a una forma de meditación interior. Es una indicación común a muchos Maestros. Hagáis lo que hagáis, estad distendidos, disponibles, abiertos a la experiencia que se hace a través de vosotros.

Antes de pasar a las indicaciones para volver agradable el medio, hemos de subrayar que ante todo es algo que no debe condicionaros: si es preciso, el Reiki puede ser transmitido en las circunstancias más disparatadas, y conocemos a alguien que ha tenido que hacer un tratamiento en el bello medio de un embotellamiento.

Dicho esto, sería mejor disponer de un lugar agradable tanto para el paciente como para el terapeuta; adaptad, pues, las sugerencias siguientes a vuestras exigencias.

Vigilad que la luz no sea violenta, sino más bien suave; aseguraos de no ser molestados durante el tratamiento: descolgad el teléfono, o poned el contestador.

Escoged la habitación más silenciosa, pues el ruido puede interrumpir bruscamente la relajación.

Antes de comenzar, hablad un poco con vuestro paciente en relación a sus problemas: será la ocasión de instaurar una corriente de simpatía, y de invitarle a formarse una idea correcta de lo que vais a hacer conjuntamente: sea lo que sea, hay en ello algo de sagrado. Esta actitud no es indispensable al éxito del tratamiento, pero facilita la buena circulación de la energía.

Tras el tratamiento, dejad que vuestro paciente se tome su tiempo: la relajación le permitirá apreciar esta experiencia hasta su término. Se trata de una fase muy importante, demasiado a menudo descuidada: es la toma de conciencia profunda de todo lo que acaba de suceder.

El medio ideal sería una habitación consagrada al Reiki, «cargada» de formas de pensamiento positivas que cualquier tratamiento ulterior no haría sino que reforzar (ver el capítulo sobre el tratamiento planetario).

Para ayudar a la relajación, vendrá al caso una música de fondo suave y tranquila utilizada en el curso del tratamiento: tenéis donde escoger entre la música clásica, así como entre la música espiritual, donde compositores como Laraaji, Logos, Deuter, Michel Pépé, son excelentes referencias. Podéis asimismo serviros de grabaciones de sonidos de la naturaleza, como los golpes de las olas, el viento, una cascada...

### ¿...Y SI NO FUNCIONA?

Incluso si habéis seguido las indicaciones al pie de la letra, puede suceder que no pase nada. Ello no significa que el tratamiento no haya funcionado, aunque no haya que descartar nunca por completo esta hipótesis.

¿Cuál es la razón de este fenómeno? Comprenderlo significa estar en condiciones de ayudar al paciente a comprender lo que sucede en él mismo.

En primer lugar, recordemos que en el Reiki no es nunca nuestra fuerza de voluntad la que actúa, sino la Energía universal, la cual pone en marcha un proceso de curación sirviéndose de nosotros. Es por tanto posible que los resultados que se deriven de éste no se correspondan con nuestras expectativas o con lo que habríamos deseado.

Nuestra tarea no es la de combatir la enfermedad, sino la de canalizar la energía, a fin de que se halle en condiciones de eliminar las causas más profundas de los síntomas actuales. Estas causas pueden estar ligadas a problemas existenciales muy profundos, y a los que nuestro paciente no desea hacer frente (ver el capítulo sobre el mensaje de los síntomas); toda tentativa de curar las manifestaciones externas de la enfermedad equivaldría a actuar como la medicina contemporánea, con el único resultado, frecuentemente, de librarnos de un problema para desencadenar otros, entrando en una espiral perversa en la que la posibilidad de una curación definitiva es cada vez más improbable.

Por el contrario, hay que saber que existen pacientes que no desean verdaderamente curarse: para éstos, la enfermedad es un modo de atraer la atención, una justificación ante sí mismos para hurtarse durante un momento al ritmo excesivo de la vida cotidiana, una forma de sustraerse a las responsabilidades que les abruman. Desde nuestra infancia, la enfermedad es una ocasión de encontrarnos en el centro de la atención, y puede ocurrir que nuestro deseo de curación no sea sino aparente.

El Reiki es una terapéutica suave que no fuerza nunca las tendencias de los individuos, sino que secunda sus decisiones; no se puede, pues, obligar a nadie a curarse si va en contra de sus intenciones más profundas.

Por la misma razón, nunca hay que intentar convencer a alguien de que se someta a un tratamiento, o de que participe en un curso de Reiki. Lo único que podemos hacer es informarle de la existencia de esta técnica y de sus posibilidades, no interviniendo más que cuando nos es explícitamente demandado. Cualquier otra actitud sólo dará malos resultados, pues toda decisión impuesta comporta tarde o temprano una actitud de rechazo frente a lo que se deriva de ella.

## ¿POR QUÉ HAY QUE PAGAR LOS TRATAMIENTOS?

He aquí un tema delicado, sobre todo en el universo de las medicinas complementarias, en el que es fácil caer en las especulaciones; por desgracia, como ya hemos dicho, el Reiki no está libre de ellas.

No obstante, hay que observar que la Naturaleza nos enseña el principio del intercambio energético: todos los seres (salvo, tal vez, el hombre) colaboran armoniosamente en un Plan general; podemos constatarlo en el caso de ciertas alteraciones, en las que la desaparición de una especie facilita el desarrollo incontrolado de otra especie, y así sucesivamente.

Nuestra experiencia personal, y no sólo en el dominio del Reiki, nos ha enseñado que aquello que recibimos como regalo no tiene nunca para nosotros el mismo valor que aquello que adquirimos personalmente, y ésta es por otra parte la razón de que el psicoanálisis imponga la remuneración de las sesiones (que debería estar en relación con las posibilidades económicas del paciente).

Numerosas experiencias en la historia del Reiki testimonian que a menudo los tratamientos gratuitos han aportado pocos resultados, ya que el paciente tiene tendencia a subestimarlos, y posteriormente a considerarlos como un derecho adquirido antes que como un don: Usui mismo quiso ofrecer sus tratamientos sin condiciones en el gueto de Kioto, pero aquellos a quienes curaba volvían pronto, habiendo descubierto que era mucho más fácil apoyarse en él que aprender a caminar solos.

Este concepto de intercambio energético no tiene por qué realizarse necesariamente con dinero: quienes tengan problemas económicos reales podrán ofrecer otra cosa en intercambio, por ejemplo, tratamientos gratuitos que ellos podrían hacer a su vez. Encontrarán una solución con la ayuda del terapeuta que les ha curado o del Maestro que les ha iniciado...

## LA CONFIANZA EN EL REIKI

Una de las objeciones más frecuentes concernientes a la eficacia terapéutica del Reiki, es la de que sólo se trata de un placebo; sería, en suma, como esas píldoras de azúcar que los médicos prescriben a veces a los enfermos que insisten en tomar medicamentos: estas píldoras funcionan porque el paciente está convencido de que se trata de un nuevo y milagroso remedio.

Si es evidente que toda confianza en un método aumenta la eficacia de éste, no es difícil replicar a esta objeción por medio de la práctica. Basta con controlar los resultados del Reiki sobre los niños pequeños, sobre los animales, sobre las plantas (ver el capítulo consagrado a este tema) que difícilmente se dejarían sugestionar por la imposición de manos.

La A.I.R.A de la que ya hemos hablado en el capítulo consagrado a la historia del Reiki, ha recogido al cabo de los años una documentación formidable sobre la eficacia terapéutica del Reiki; quienes deseen compulsarla no tienen más que contactar con la A.I.R.A., cuya dirección se encuentra al final del libro.

Las fotos de una mano tomadas con un aparato Kirlian antes, durante y después de un tratamiento, han mostrado asimismo que algo tuvo que haber sucedido.

Si hemos querido abordar este tema, no es para convencer a nadie de lo bien fundado del Reiki, sino para subrayar el hecho de que una actitud confiada frente a cualquier terapéutica sigue siendo la premisa más eficaz para que ésta pueda dar sus mejores resultados.

# PRIMER NIVEL
# EL CUERPO

YA hemos dicho que, en el proceso general de curación por el Reiki, el Primer Nivel corresponde al plano físico. Vamos a ver ahora cuál es la función del Reiki a este nivel, recordando no obstante que los tratamientos aconsejados no pretenden ser exhaustivos, y que no representan esquemas dogmáticos; se trata más bien de la proposición de una terapéutica global, estudiada con el fin de implicar todos los órganos internos del paciente.

El Reiki actúa sobre todo en la raíz de los problemas, y mucho menos sobre sus manifestaciones externas; será, pues, importante efectuar tratamientos completos siempre que sea posible, antes que intervenir sobre un síntoma; el síntoma puede ser tratado en caso de urgencia (migraña, crisis de artritis), pero en cuanto sea posible habrá que reequilibrar la situación en su conjunto a través de un ciclo completo de tratamientos.

Todo lo que leeréis en estos capítulos consagrados a los tres Niveles no se ha escrito para reemplazar a la enseñanza directa: la experiencia global de los tres Niveles desarrollada por un Maestro no puede ser transmitida completamente más que por una relación directa capaz de abrir vuestros canales energéticos a través de las iniciaciones. Estas pocas páginas tienen por objetivo, de un lado, el de informar a quienes aún no se hayan decidido a recibir el Reiki, y, del otro, el de ofrecer un pequeño manual de referencia para quienes, por el contrario, han tenido la experiencia de aquél y desean ponerlo en práctica.

## EL TRATAMIENTO DE BASE: CUÁNDO Y CÓMO EFECTUARLO

### Curación

Para que el Reiki actúe es preciso que el paciente desee verdaderamente curarse.

El terapeuta, en efecto, no es sino un puente entre la Energía universal y su paciente. Contrariamente a otros terapeutas, no actúa nunca sirviéndose de su propia energía o de su propia voluntad: ello evita que el paciente se deje sugestionar y que las energías personales de ambos se mezclen, lo que podría revelarse nocivo.

En ausencia de la voluntad de curarse, el tratamiento es casi completamente inútil.

### Tiempo previsto para el tratamiento de base

El ciclo completo prevé cuatro sesiones, a efectuar imperativamente en cuatro días consecutivos.

El proceso de curación comienza a menudo durante el tercer tratamiento, según un esquema análogo al que hemos enunciado a propósito del ciclo de las cuatro iniciaciones. Las condiciones generales del paciente pueden agravarse, y los síntomas que los medicamentos habían ocultado pueden reaparecer: el paciente debe estar al corriente de este hecho para evitar que, frente a esta agravación aparente, reaccione rehusando el tratamiento.

A menudo, durante esta fase, el paciente llega a reconocer claramente las causas interiores de su mal y lo que debería hacer para eliminarlas. Si no acepta planteárselas, es en este momento cuando rechaza todo tratamiento.

Por el contrario, si aguanta bien hasta el cuarto día, habrá que ayudarle a hacer frente a sus cambios interiores.

Terminado el ciclo, es necesario examinar cada caso individualmente para saber si los tratamientos deben continuar todos los días, cada dos días, cada semana, etc.; si os encontráis en vuestras primeras aproximaciones al Reiki, hablad de ello con el Maestro que os ha iniciado al Reiki. Más tarde, aprenderéis a seguir vuestra intuición.

Recordad que en principio es siempre mejor efectuar un tratamiento de base cuando existen problemas mayores, mientras que para los problemas pequeños un tratamiento local puede resultar suficiente.

### Centrado del corazón

Llevad vuestras manos horizontalmente a la altura de vuestro corazón, en medio del pecho: deberán tocarse. Concentrad a continuación vuestra atención sobre el corazón, hasta que estéis en armonía con este chakra. Ello os permitirá desarrollar una actitud objetiva frente al tratamiento, sin que la energía sea limitada por vuestra implicación emocional.

Ello evita al mismo tiempo que la energía del terapeuta y la del paciente se mezclen, permitiéndoles estar recíprocamente en armonía.

No es posible sujeción alguna: el paciente nunca es obligado a eliminar los efectos de su enfermedad como sucede en la medicina oficial; por el contrario, es alentado a actuar sobre sí mismo para eliminar las causas de aquélla.

En cuanto al terapeuta, no corre ningún riesgo de cargarse con los problemas del paciente y no se fatiga en el curso del tratamiento.

## EL CENTRADO DEL CORAZÓN

## ANTES DE COMENZAR EL TRATAMIENTO

Encontraréis más adelante indicaciones generales sobre las premisas del tratamiento, a fin de efectuarlo en las condiciones más favorables. Estas pocas enseñanzas completan el contenido del capítulo precedente.

*a)* Invitad a vuestro paciente a despojarse de su calzado, sus collares, brazaletes, anillos u otros objetos metálicos (cinturón, gafas, etc.); debería asimismo desabrocharse los vestidos para estar a gusto y distendido en el curso del tratamiento.

*b)* Haced que todo suceda en un medio agradable para ambos: una luz suave, una música de relajación, incienso, por ejemplo. Haced todo lo posible para que no os molesten durante la sesión (teléfono, timbre, etcétera)

*c)* Si vuestras manos transpiran, usad un pañuelo o un tejido ligero para colocarlo sobre la figura del paciente cuando tratéis su cabeza, evitándole así toda sensación desagradable.

## Tratamiento en grupo

Si la ocasión se presenta, es muy interesante organizar el tratamiento de base en grupo; dos o más terapeutas canalizan el Reiki al mismo tiempo, donde, por ejemplo, uno parte de la cabeza del paciente y el otro de su pecho, o bien tratan cada uno una mitad del cuerpo.

Naturalmente, esto se acordará de antemano, con el fin de evitar toda superposición, toda acción no armoniosa.

Este tratamiento en grupo exige menos tiempo, y el paciente recibe una dosis masiva de energía, pero como esta experiencia es difícil de describir, os aconsejamos ensayarla al menos una vez.

Por sus características, se recomienda este tratamiento en los casos más difíciles, o bien en presencia de enfermedades crónicas.

Acabado el tratamiento, os aconsejamos compartir lo

que habéis sentido: será la ocasión de intercambiar sugerencias, ideas, quizá — ¿por qué no?— ante una taza de té...

Otro tipo de tratamiento colectivo consiste en formar un círculo, cogidos de la mano, o apoyando las manos sobre los hombros de quienes se encuentran a nuestro lado; comienzan todos al mismo tiempo a transmitir el Reiki al grupo, habiéndose puesto primero de acuerdo sobre el sentido de circulación de la energía (el sentido de las agujas del reloj, o el sentido contrario).

Ello contribuye a crear una buena armonía entre los miembros del grupo, y puede ser una forma de meditación colectiva: muchos Maestros de Reiki comienzan sus seminarios con esta experiencia.

## CÓMO PRACTICAR EL TRATAMIENTO DE BASE

Antes de comenzar, aseguraos de tener dos cojines al alcance de la mano, uno para el mentón y el otro para las piernas, de los que os serviréis durante la tercera fase del tratamiento.

Siendo el objetivo de esta fase la relajación y el desarrollo de una actitud abierta frente al tratamiento, pedid primeramente al paciente que se acueste sobre su espalda, de modo que se distienda cómodamente.

Acariciad a continuación su aura por tres veces, de la cabeza a los pies: cuidad que vuestra mano no pase por encima de su cuerpo cuando la llevéis hacia lo alto, y manteneos siempre a su izquierda.

### *Primera fase*

Cada posición exige un mínimo de tres a cinco minutos.

Colocaos detrás de vuestro paciente y haced en vosotros mismos el Centrado del corazón.

*a)* Tratad los ojos: vuestros pulgares se tocan al nivel de la frente del paciente.

*b)* Tratad las sienes, manteniendo vuestras manos al lado de sus orejas.

*c)* Llevad vuestras manos por debajo de la nuca: desplazad vosotros mismos muy suavemente la cabeza del paciente. Éste no debe moverla espontáneamente; si la desplaza, invitadle a que os deje hacer. Si no tiene en cuenta vuestras indicaciones, no insistáis y continuad el tratamiento como mejor podáis.

*d)* Mantened una de vuestras manos por detrás de la nuca del paciente, y llevad la otra a su frente.

*e)* Tratad la parte superior del cráneo: vuestras manos unidas pueden apuntar hacia lo alto o hacia abajo, según qué posición os parezca más cómoda.

*f)* Tratad la garganta rodeándola con vuestras manos; sin embargo, es mejor no tocarla, o, en todo caso, apenas rozarla. Los dedos de las manos se superponen al nivel de las uñas.

Sostened una mano sobre la paletilla o sobre el corazón del paciente cuando toméis posición a su izquierda para comenzar la segunda fase.

## *Segunda fase*

Cada posición demanda un mínimo de tres a cinco minutos.

*a)* Poned vuestras manos sobre el costado derecho del paciente; la mano derecha se encuentra más arriba que la izquierda, justo por debajo del seno, con la palma a la derecha del eje central de su pecho.

# TRATAMIENTO DE BASE
## Primera fase

### Centrado del corazón

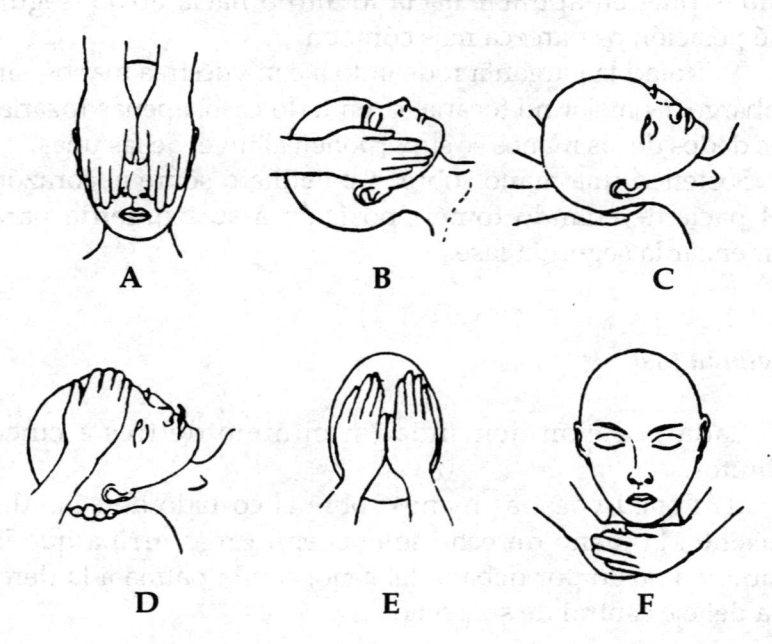

A  B  C

D  E  F

PRIMER NIVEL

# TRATAMIENTO DE BASE
## Segunda fase

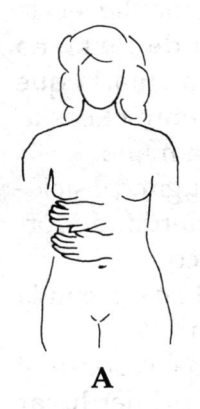

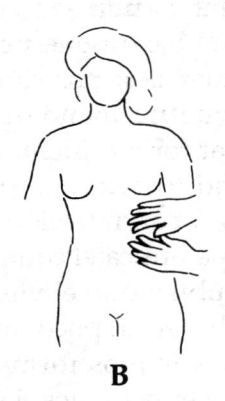

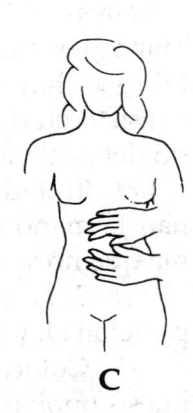

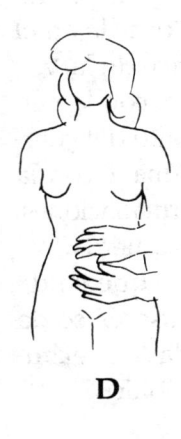

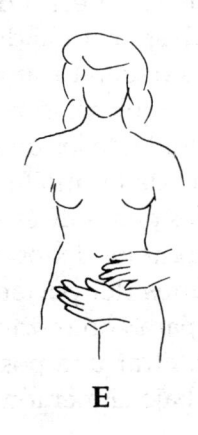

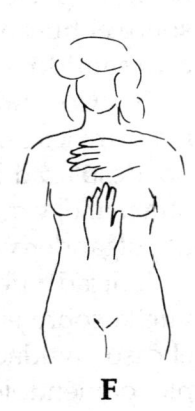

A

B

C

D

E

F

*b)* Repetid esta posición sobre el lado izquierdo, desplazando primero vuestra mano derecha.

*b-bis)* Si experimentáis una sensación particular en la mano derecha, es que el bazo tiene necesidad de Reiki: en tal caso, hay que efectuar una posición suplementaria que consiste en desplazar vuestra mano derecha sobre el costado del paciente, sin tocar forzosamente a la otra mano.

*c)* Tratad la cavidad torácica: en primer lugar, posicionad la mano derecha y a continuación la izquierda, de forma que no se interrumpa nunca el contacto físico.

*d)* Si no llegáis a cubrir todo el vientre del sujeto con la posición *c)*, volvedla a hacer un poco más abajo.

*e)* Colocad vuestras manos formando una V sobre el hueso pubiano: para hacer esto, desplazad en primer lugar la mano izquierda, con la punta de los dedos apuntando hacia la parte superior del cuerpo del paciente y la palma sobre el hueso; luego, desplazad la derecha y colocadla en el otro sentido. Las manos deben tocarse en el vértice de la V.

*f)* Colocad la mano izquierda sobre el esternón, con la palma entre los senos y la punta de los dedos hacia lo alto del cuerpo; desplazad la derecha de tal modo que forme una T con la otra mano, y que cubra los dedos de ésta hasta las articulaciones. El pulgar derecho debe tocar los dedos de la mano izquierda.

Alejad vuestras manos del paciente y pedidle que se dé vuelta sobre el vientre para comenzar la tercera fase. Si se da el caso, ayudadle a encontrar una postura cómoda, por ejemplo, poniéndole cojines bajo el mentón y bajo los tobillos.

## Tercera fase

Seguid una de las dos versiones que os proponemos a continuación; de todos modos, durante el tratamiento, podéis pasar de una a la otra si vuestra intuición os lo sugiere.

### Primera versión

Cada posición exige de tres a cinco minutos.

*a)* Colocad vuestras manos unidas lo más arriba posible en relación al eje del cuerpo de vuestro paciente, a la izquierda de la columna vertebral y sin tocarla.

*b)* Repetid la misma posición a la derecha de la columna vertebral, desplazando primero vuestra mano derecha, que se encuentra más arriba; cuidad, sin embargo, de no tocar la columna.

*c)* Tratad de nuevo a la izquierda de la columna vertebral, con vuestra mano derecha sobre la mitad inferior de la posición que ocupaba hace un momento vuestra mano izquierda.

*d)* Volved al lado derecho, y continuad descendiendo, desplazando vuestras manos alternativamente del costado derecho al costado izquierdo, y viceversa, hasta el nivel del cóccix: *e), f).*

### Segunda versión

Cada posición exige de tres a cinco minutos.

*a)* Colocad vuestras manos lo más arriba posible sobre las paletillas de vuestro paciente: vuestra mano izquierda debe ir por delante, sobre el costado derecho de su cuerpo. Vuestras manos no deben tocarse, y no deben tocar tampoco la columna vertebral.

*b)* Desplazad en primer lugar la izquierda y a continuación la derecha, apenas más abajo del punto *a)*.

*c)* Continuad de ese modo hasta el cóccix: *d).*

**Fase común para ambas versiones**

Cualquiera que sea la versión escogida, para acabar el tratamiento de la espalda deberéis continuar según las indicaciones siguientes:

*a)* Para tratar la columna vertebral, la palma de vuestra mano izquierda debe apoyarse sobre el sacro apuntando hacia lo alto del cuerpo; para ello, vuestra mano debe ser encajada entre las nalgas, con los dedos apuntando hacia lo alto del cuerpo. La mano derecha debe posicionarse de modo que forme una T con la otra.

*b)* Sin desplazar la izquierda, llevad la derecha hacia arriba hasta el cerebelo, allí donde la columna vertebral se encaja en el cráneo. Mantened esta posición hasta que percibáis lo mismo, sea lo que sea, en ambas manos. Esta posición reequilibra la energía que circula a lo largo de la columna vertebral. Puede ser muy fatigante para el terapeuta.

*c)* Colocad vuestra mano izquierda sobre la corva de la rodilla derecha del paciente, y vuestra mano derecha sobre la corva de la izquierda. Para ello, colocaros al costado del sujeto a tratar.

*d)* Desplazando en primer lugar la mano izquierda y a continuación la derecha, cubrid las plantas de sus pies; es esencial tocar los dedos de los pies. Podéis hacer esto de dos formas diferentes:

- manteniéndoos siempre al costado del paciente, con vuestras palmas sobre sus talones y los dedos de vuestras manos sobre los dedos de sus pies;
- tomando posición detrás de sus pies, vuestras palmas sobre los dedos de sus pies y los dedos de vuestras manos sobre sus talones.

PRIMER NIVEL

## TRATAMIENTO DE BASE
### Tercera fase

## PRIMERA VERSIÓN

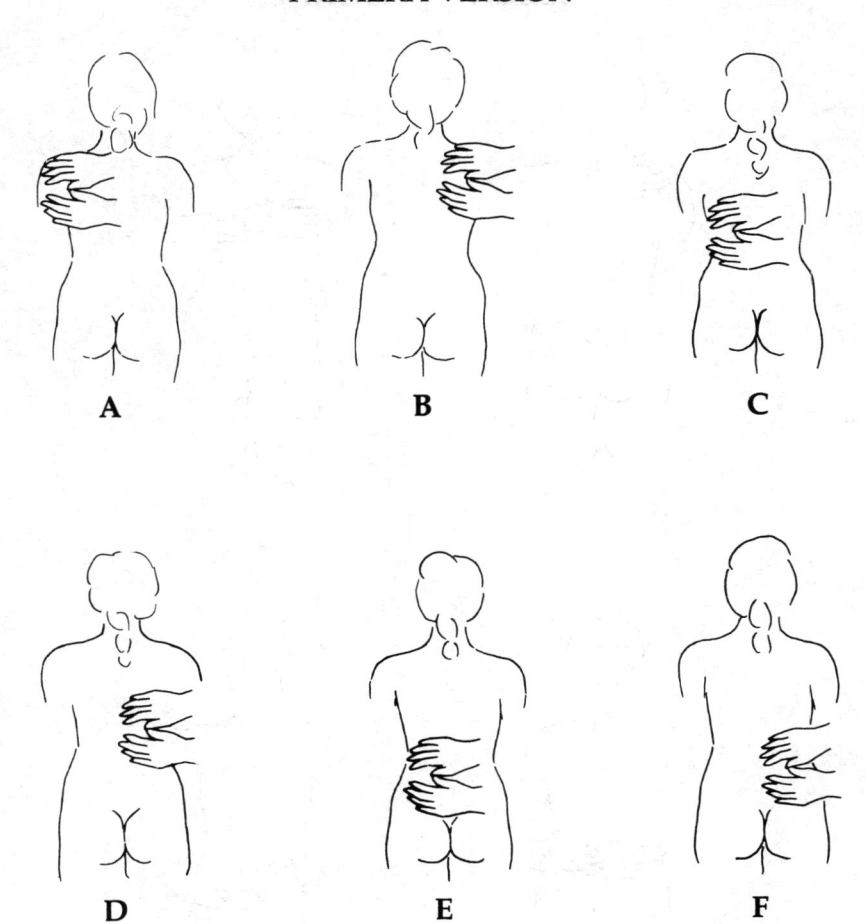

**A**  **B**  **C**

**D**  **E**  **F**

## TRATAMIENTO DE BASE
### Tercera fase

## SEGUNDA VERSIÓN

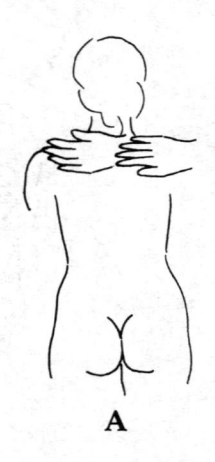

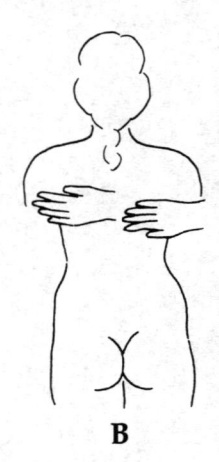

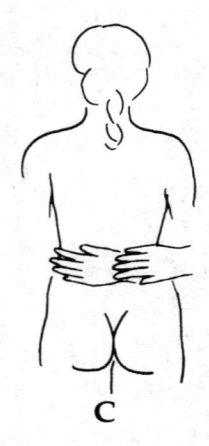

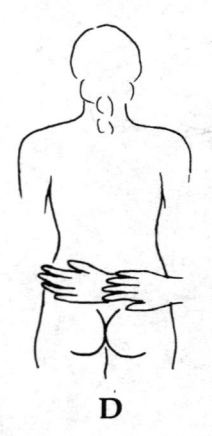

A

B

C

D

Para concluir, acariciad el aura del paciente por tres veces, manteniendo, sin embargo, una mano sobre su cuerpo (por ejemplo, tocándole una pierna), pero cuidad de que vuestra mano no pase por encima de su cuerpo cuando la llevéis hacia arriba.

Abordaremos también el tema del aura en el capítulo consagrado a los chakras, pero podemos resumirlo brevemente diciendo que se trata de un campo energético que rodea y envuelve al cuerpo físico; en consecuencia, para acariciar el aura en los tratamientos del Reiki hay que seguir los contornos del cuerpo a una distancia de aproximadamente 20 centímetros.

Seguidamente, alejad vuestras manos y dejad al paciente en libertad de abrir de nuevo sus ojos cuando lo desee.

## SIGNIFICADO DE LAS SENSACIONES

Durante el tratamiento puede sucederos que percibáis diferentes sensaciones mientras desplazáis vuestras manos a lo largo del cuerpo del paciente; he aquí las más comunes:

### *Frío*

Estáis en presencia de energía bloqueada desde hace mucho tiempo y muy profundamente; es un bloqueo crónico. Los puntos que os comunican una sensación de frío pueden manifestar trastornos en el plano físico, una enfermedad. Sentiréis tanto más el frío cuanto más viejo y arraigado esté el desequilibrio.

El estado patológico puede no ser evidente, pero podría bastar muy poco para que se manifestara: tratad, pues,

## TRATAMIENTO DE BASE
### Fase común a ambas versiones

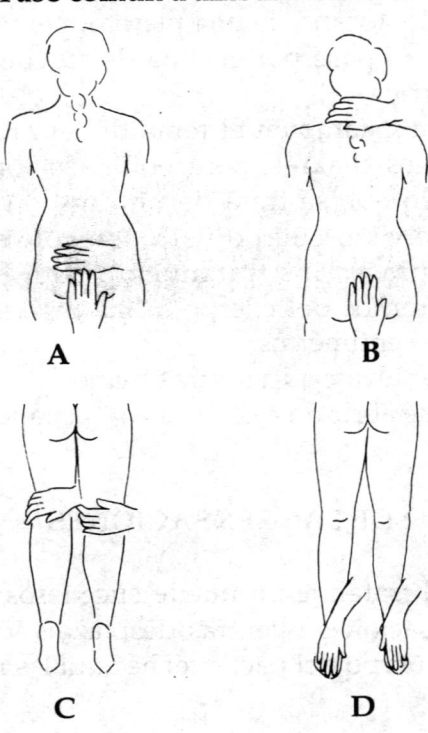

A

B

C

D

**Acariciar el aura**

intensamente estos puntos hasta que un calor intenso reemplace al frío, señalándoos de ese modo que habéis pasado de una fase crónica a la fase aguda. Esta transformación puede no demandar más que un tratamiento, pero en general se requieren varios.

*Calor*

Estáis en presencia de un desequilibrio energético todavía no fijado: deberéis hacer tantos más tratamientos cuanto más intenso sea el calor que sentís.

*Ninguna sensación*

Cuando un punto no os envía ninguna sensación particular, quiere decir que no hay en él ninguna alteración energética importante.

*Dolor*

Si el sujeto siente dolor sobre un punto determinado o sobre una zona más amplia (por ejemplo, un brazo), hay que actuar de inmediato sobre el punto localizado. Por el contrario, si se trata de un dolor que siente desde hace mucho tiempo, o que aparece de vez en cuando, es mejor recurrir al tratamiento de base: ello permite actuar sobre todas las causas del dolor, a menudo localizadas en partes del cuerpo alejadas del punto doloroso.

## TRATAMIENTO RÁPIDO

Es un tratamiento de estimulación de los chakras que puede ser útil cuando las circunstancias impiden una intervención más completa: por ejemplo, en casos de urgencia, con los niños (que difícilmente permanecen inmóviles todo el tiempo requerido para un tratamiento de base) o con sujetos débiles, a los que se habitúa progresivamente a la energía antes de someterlos al tratamiento de base.

Puede ser útil cuando no se tiene tiempo de efectuar un tratamiento de base y se desea de todos modos socorrer a alguien:

El tratamiento rápido exige un mínimo de diez minutos.

El paciente debe permanecer de pie con los ojos cerrados; si esto es imposible, invitadle a sentarse o a tumbarse sobre su costado. Colocaos detrás suyo, y haced, si podéis, el Centrado del corazón sobre vosotros mismos. A continuación, seguid estas instrucciones:

*a)* Colocad vuestras manos sobre sus hombros para armonizaros con el paciente; llegado el caso, esto puede reemplazar también el Centrado del corazón.

*b)* Colocaros a su derecha, y cubrid la parte superior de su cráneo con vuestras manos juntas.

*c)* Desplazad primero la mano derecha, y colocadla sobre su frente; la izquierda debe situarse sobre su nuca.

*d)* La derecha sobre su garganta, la izquierda detrás suyo, al mismo nivel que la otra mano.

En todas las posiciones que siguen, la mano izquierda se encuentra detrás del cuerpo, a la misma altura que la derecha.

*e)* La derecha sobre el pecho, al nivel del corazón.

*f)* La derecha sobre el plexo solar.

*g)* La derecha sobre el vientre, con el pulgar justo por debajo del ombligo, sobre el Hara.
*h)* La derecha sobre el pubis.

Alejad las manos del cuerpo del paciente, y acariciad su aura de arriba abajo.

Colocaros frente al sujeto, y acariciad su aura. Un toque ligero sobre su hombro le dirá que el tratamiento está terminado.

## EL AUTOTRATAMIENTO

El aprendizaje de esta técnica representa a menudo la razón principal para participar en un curso de Reiki; en efecto, se trata de un instrumento excelente para la prevención y el cuidado, y es al mismo tiempo un buen sistema de relajación contra el estrés y el insomnio.

El autotratamiento es asimismo una forma de recargarse diariamente en energía, para hacer frente a las experiencias que la vida nos ofrece.

Esta técnica es uno de los dones más preciosos ofrecidos por el Reiki, y su empleo cotidiano y regular nos pone al abrigo de la mayoría de las enfermedades: el momento más favorable es por la noche, en nuestra cama, antes de dormirnos, pero cada uno puede encontrar el momento que mejor le convenga.

Gracias al principio de acción global del Reiki, este tratamiento puede desencadenar procesos de curación mucho más profundos y mantener los chakras activos y equilibrados, actuando directamente sobre ellos.

Además del esquema de autotratamiento descrito en este capítulo, es evidente que podéis siempre canalizar el

## TRATAMIENTO RÁPIDO

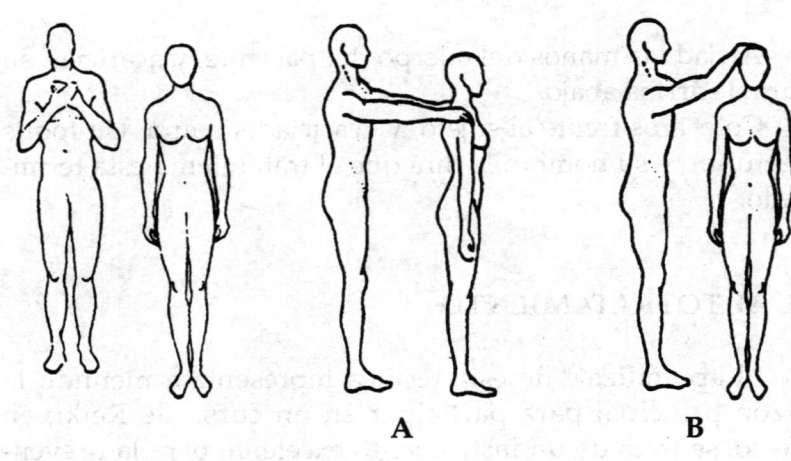

A          B

**Centrado del corazón**

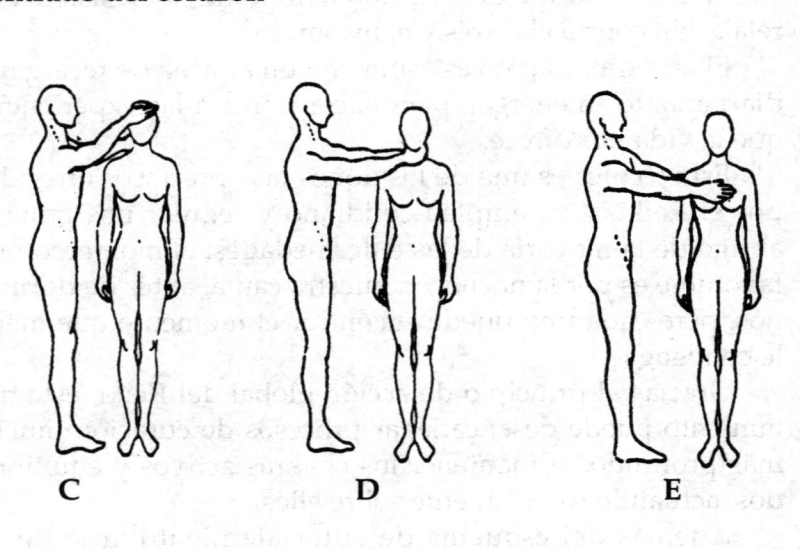

C          D          E

PRIMER NIVEL 71

## TRATAMIENTO RÁPIDO

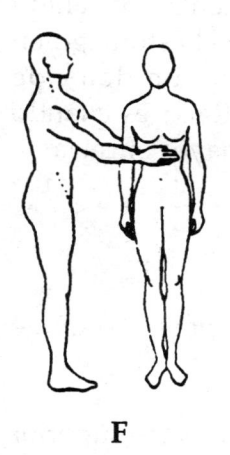

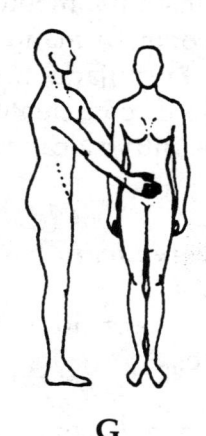

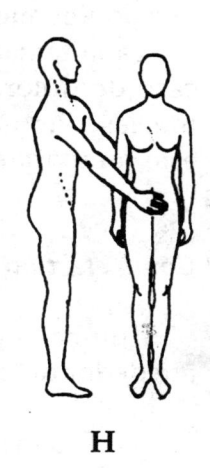

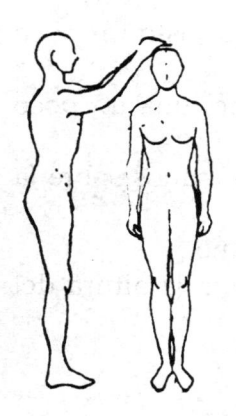

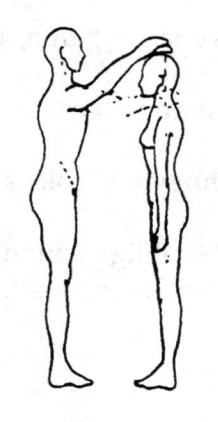

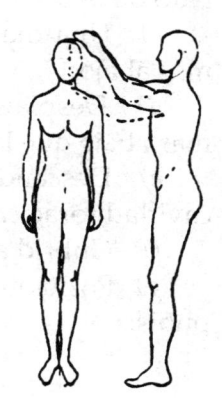

F  G  H

**Acariciar el aura**

Reiki para vosotros mismos: por ejemplo, simplemente colocando una mano ahí donde os duele; es, por otra parte, una acción que se hace instintivamente: ¿quién no ha tenido nunca la tentación de poner su mano sobre el estómago en caso de dolor, o sobre la quijada si se sufre un dolor de muelas? Pero cuando se es consciente del Reiki es cuando este comportamiento instintivo alcanza su mayor eficacia.

### Cómo efectuar el autotratamiento

Tumbaos con los ojos cerrados. Cada posición exige alrededor de tres minutos.

*a)* Las manos en forma de copa, sobre la parte superior del cráneo: podéis simplemente plegar los codos, o bien, con los brazos separados, apoyar los codos en el cojín.

*b)* Las manos sobre el rostro, con los meñiques tocándose a la altura de los ojos y las palmas sobre las mejillas, al lado de la boca.

*c)* Una mano sobre la garganta, la otra justo un poco más abajo.

*d)* Desplazad las manos hasta el pecho, una un poco más abajo que la otra.

*e)* Descended de nuevo, y colocad las manos sobre la cavidad torácica.

*f)* Cubrid ahora el ombligo con una mano.

*g)* Posición en V, tocándose los índices a la altura del pubis.

PRIMER NIVEL

## AUTOTRATAMIENTO

**Centrado del corazón**

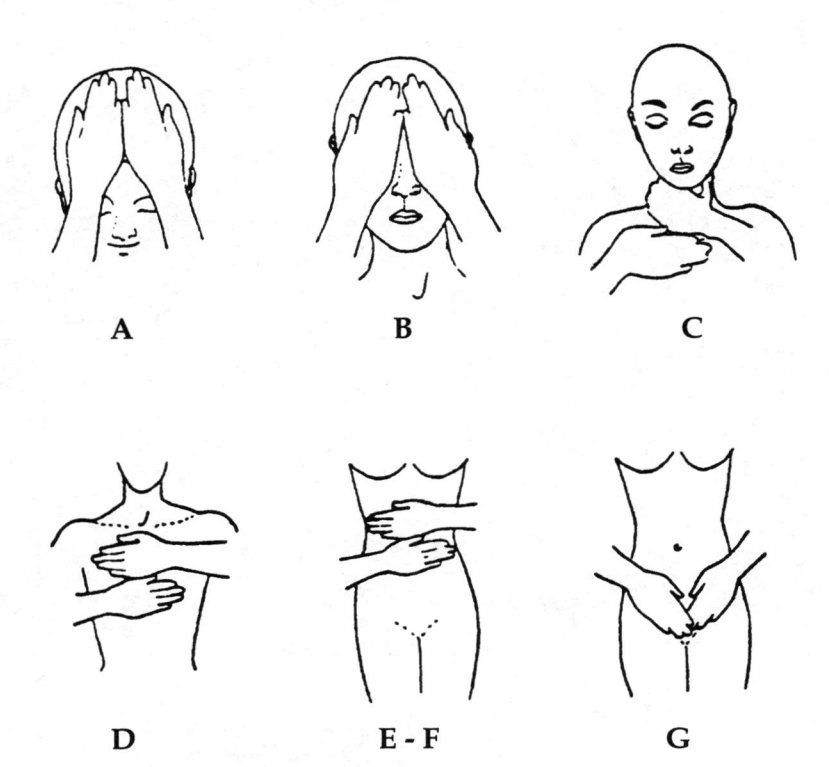

A

B

C

D

E - F

G

# SEGUNDO NIVEL
# EL NIVEL MENTAL

EN el marco más general de los procesos de curación por medio del Reiki, el Segundo Nivel corresponde al plano mental, especulativo, tanto del Hombre como de la realidad que lo rodea.

El Primer Nivel, que corresponde al cuerpo, expresa la tesis de base, fundamento de todo trabajo que tenga lugar sobre el plano de la experiencia: si mi cuerpo no funciona bien, si estoy enfermo, paralizado, si uno de mis cinco sentidos está gravemente afectado, es evidente que ello limita mis experiencias. La sabiduría del proverbio «mens sana in corpore sano» es mucho más profunda de lo que comúnmente se cree: ¡es mucho más que un reclamo publicitario para un gimnasio o un centro de estética!

El mental sólo es libre de trabajar, y, por tanto, de aprehender la Realidad, si el cuerpo está lo más sano posible, y quienes practican la meditación lo saben bien: las primeras tentativas de mantener una postura permaneciendo impermeables a las solicitaciones del universo físico, nos hacen descubrir de golpe que nuestro cuerpo produce millares de estímulos. De repente tenemos necesidad de deglutir, se sienten picores por todas partes, las curvaturas... No es sino por el entrenamiento asiduo que se aprende a observar con indiferencia estas solicitaciones, sin dejarse implicar al nivel emocional.

El Primer Nivel apunta al restablecimiento de este equilibrio físico primario y a eliminar los bloqueos energéticos que se han fijado en el curso de una vida sin regla e irregular.

El mental y el físico son complementarios el uno del otro: poner en cuestión toda certeza adquirida, descubrir nuevas realidades, vivir nuevas experiencias... Si se olvida todo eso, si se pierde este sentido natural de maravillarse que todo niño conoce frente a los misterios de la vida, si se abandona el anhelo constante de aprender, los sueños, la fantasía, comienza entonces el envejecimiento interior, todo se esclerosa.

Actualmente, numerosos investigadores afirman que la vejez es sobre todo un fenómeno interior, y que se desencadena cuando el hombre abandona sus sueños, cuando deviene prisionero de su rutina y se limita a vivir de la forma menos desagradable posible a la espera de la muerte.

Por una parte, el signo de la vejez es la rigidez, tanto al nivel físico (artritis, esclerosis, etc.) como psíquico (incapacidad de aceptar las ideas nuevas, idealización de su propia «experiencia»...)

Por otra parte, el símbolo de la juventud es la flexibilidad del arroyo, la capacidad de adaptarse a las circunstancias, una buena dosis de anticonformismo, un cuerpo ágil y ligero.

No se trata necesariamente de relacionar la juventud y la vejez con la edad biológica, y no es un cumplido decir que se puede ser viejo a los veinticinco años y joven a los setenta: podremos ver ejemplos vivientes de ello si nos tomamos la molestia de observar.

Las técnicas del Segundo Nivel tienen por objeto, entre otros, el de restablecer esta flexibilidad interior.

# EL TRATAMIENTO MENTAL

El estrés, los contratiempos, una infancia difícil... son algunas de las causas que pueden engendrar el hundimiento, el desánimo, o una depresión nerviosa, un insomnio, y así sucesivamente; en breve, todo este bagaje de problemas psicológicos y emocionales que cualquiera ha sufrido al menos una vez en su vida.

A menudo, estos problemas se «curan» de la misma manera que las enfermedades físicas: por medio de ansiolíticos, de calmantes que los hunden más todavía en nosotros, a reserva de dejarles reaparecer en el momento menos oportuno.

Estos problemas contenidos engendran una fatiga creciente con el curso de los años, y a ella reaccionamos erigiendo barreras cada vez más sólidas entre nosotros y la Realidad; pronto nos encontramos prisioneros de un universo ilusorio, constituido por nuestras proyecciones mentales erróneas. Un puesto de trabajo estable y una buena cuenta bancaria no pueden reemplazar sino muy pobremente la plenitud de una vida auténtica, digna de ser vivida; no es por casualidad que el fenómeno de los yuppis haya arraigado precisamente en una época desprovista de valores y perspectivas.

En consecuencia, muchos hombres comienzan a pensar negativamente: descorazonados, desalentados, abandonan toda esperanza de autorrealización... y desencadenan de pronto este proceso de envejecimiento interior del que acabamos de hablar.

El Segundo Nivel ofrece un remedio a esta forma de inadaptación frente a la Realidad, y frente a los problemas psicoemocionales que se derivan de aquélla: el tratamiento mental.

Se trata de un don preciosísimo del Reiki, que a partir de aquí se aleja cada vez más de las curaciones por imposición de manos tal como se las practica en otras tradiciones.

En efecto, en el curso del seminario del Segundo Nivel, se aprenden algunos de los símbolos que Usui redescubrió (ver el capítulo consagrado a la historia del Reiki) y que se convierten, de este momento en adelante, en los elementos centrales de los tratamientos, comprendidos los del Primer Nivel, que se encuentran así notablemene reforzados.

El tratamiento mental no se limita a reequilibrar el mental, pues el enfoque holístico nos muestra que toda terapia no puede dejar de implicar, de una forma u otra, el conjunto de los tres planos.

Es interesante aplicar este tratamiento a las plantas y a los animales, pues podemos comprobar que refuerza la vitalidad y que la vida existe verdaderamente en toda manifestación.

La forma en que se ha de canalizar el Reiki a este nivel exige un compromiso mayor que antes. En el Primer Nivel, en definitiva, no se es más que espectador del proceso de curación, mientras que aquí es esencial emitir formas de pensamiento positivas durante el tratamiento. No debemos alimentar ningún prejuicio sobre lo que es bueno o malo para nuestro paciente, con el fin de no influenciarlo. Un solo pensamiento debería guiar nuestras acciones: la intención de ayudarle a alcanzar su equilibrio interior.

Ello nos lleva a considerar la diferencia fundamental entre ambos niveles: el Primero, al igual que el cuerpo, expresa una dimensión horizontal, global; es abierto, se le puede aconsejar a todo el mundo, independientemente de la edad, de la maduración, de las motivaciones interiores. El Segundo, como el mental, encarna la verticalidad, el dinamismo, y exige una elección profunda y fuertes motivaciones para poder practicarlo.

Nunca lo repetiremos bastante: hay que desconfiar de toda vulgarización del Reiki si se presenta como un bien de consumo, sobre todo en lo que concierne a los Niveles Segundo y Tercero, pues se corre el riesgo de desnaturalizar su esencia, y su sentido profundo al nivel de la experiencia. Lo que, por desgracia, sucede demasiado a menudo.

El hecho de obtener el Segundo Nivel porque «está de moda», o por enriquecer nuestra «colección» de iniciaciones, o incluso bajo la presión de un reclamo publicitario, significa que no se ha comprendido nada del Reiki. No se sacará de ello, pues, nada positivo.

## LOS SÍMBOLOS DEL SEGUNDO NIVEL

Hemos dicho que en el Segundo Nivel nos servimos de ciertos símbolos en el curso de los tratamientos. Estos símbolos son tres, y fueron redescubiertos, junto con otros signos, por el mismo Usui en el curso de su investigación en textos protobudistas; luego los visualizó durante su experiencia sobre la montaña sagrada.

Os explicaremos en estas páginas sus características esenciales, pero dejaremos de lado la descripción de su aspecto exterior y sus nombres de origen, limitándonos a su traducción. Siendo sagrada la esencia de estos símbolos, la Tradición del Reiki establece que nunca sean representados gráficamente, y que sus nombres sólo sean pronunciados con entero conocimiento; y ello no en homenaje a un dogma religioso, sino en armonía con un principio esotérico y hermético bien conocido.

En efecto, los símbolos que están estrechamente ligados a los arquetipos de la Realidad poseen una carga energética muy poderosa; emplearlos a tontas y a locas no es solamente inútil, sino que puede desencadenar energías que quizá no sabríamos canalizar corretamente. Por esta razón, no se pueden aprender los símbolos más que por enseñanza directa de un Maestro de Reiki, en el curso de un seminario.

## El primer símbolo

Su nombre significa «orden a la energía vital universal» (literalmente: «¡energía, ven!»). Su objetivo es llamar a la energía y concentrarla según nuestras intenciones. Representa el sello de toda técnica mental del Reiki, y aumenta la potencia y la eficacia de los tratamientos del Primer Nivel.

Para utilizarlo, trazadlo sobre el cuerpo del paciente, o sobre cada posición del tratamiento, repitiendo mentalmente su nombre por tres veces

Atención: la naturaleza sagrada de estos símbolos impone que nunca sean trazados físicamente más que al abrigo de cualquier mirada, salvo para la de quienes hayan sido iniciados ellos mismos en el Segundo Nivel. Es otra buena razón para que los pacientes cierren los ojos en el curso del tratamiento; si ello no es posible, simplemente visualizadlos. Lo mismo vale, claro está, para todos los demás símbolos.

Por otra parte, con las técnicas del Segundo Nivel se puede utilizar este primer símbolo de diferentes maneras, de las que damos algunos ejemplos.

— Si se quiere enviar energía a alguien, aunque sólo fuera un transeúnte con aspecto agotado o débil, se puede visualizar una sucesión de símbolos que le alcanzan partiendo de nosotros. A menudo, el efecto es inmediatamente visible: el transeúnte endereza su espalda, y su cuerpo adopta un porte diferente, más positivo y rico en energía.

— Para purificar una habitación de todas las energías negativas y, muy a menudo, de los efectos de la polución electromagnética debida a la presencia de electrodomésticos, trazad el primer símbolo en las cuatro esquinas del local.

— Para protegeros de cualquier influencia o energía negativa, trazad alrededor vuestro una «jaula de símbolos» (por delante, por detrás, a ambos lados, arriba y abajo).

— Si lo trazáis sobre el agua, reducirá los efectos nocivos de posibles agentes químicos.

— Si lo trazáis sobre una letra o sobre un mensaje, el destinatario recibirá un poco de vuestra energía positiva.

— Si lo trazáis sobre un tejido, en particular si no es sintético, que colocáis a continuación sobre una herida o sobre un punto doloroso, la curación de éstos se verá favorecida.

## *El segundo símbolo*

La traducción de su nombre significa «tengo la clave».

Este símbolo permite establecer una relación directa con el subconsciente del sujeto sobre el que se traza (o con nuestro subconsciente, si practicamos el autotratamiento): es la esencia misma del tratamiento mental.

Contrariamente a todos los casos enunciados hasta aquí, esta vez se establece un lazo concreto entre quien traza el símbolo y el destinatario del tratamiento: no hay, por tanto, que utilizarlo más que en una actitud mental absolutamente positiva y constructiva. Si tenéis un problema emocional cualquiera y no conseguís olvidarlo, evitad utilizar este símbolo y aplazad el tratamiento hasta mejor momento, pues vuestro paciente, en lugar de la armonía, recibirá vuestras elucubraciones.

El objeto de este símbolo es el de sosegar la mente consciente, de forma que puedan emerger los recuerdos inconscientes, favoreciendo así el proceso de curación.

## El tercer símbolo

Su nombre significa «el Buda que hay en mí entra en contacto con el Buda que hay en ti». Se trata del símbolo principal para los tratamientos a distancia, y sirve para establecer el contacto con el sujeto a tratar.

## PRÁCTICA DEL TRATAMIENTO MENTAL

Al igual que para el tratamiento de base, es esencial hacer siempre un ciclo completo de cuatro sesiones durante cuatro días consecutivos.

Cada tratamiento exige de 15 a 20 minutos, por término medio.

En las indicaciones prácticas concernientes al Segundo Nivel, hablamos de la mano derecha suponiendo que ésta sea la mano escogida para recibir la iniciación de los símbolos; si, por el contrario, la mano «iniciada» es la izquierda, hay que invertirlo todo.

— Efectuad el Centrado del corazón sobre vosotros mismos.

— El sujeto deberá sentarse cómodamente, con los ojos cerrados; colocaos detrás suyo, con vuestras palmas hacia sus hombros. Trazad el primer símbolo sobre su persona y repetid mentalmente su nombre por tres veces.

— Acercaos al sujeto y, con vuestra mano derecha, trazad en primer lugar el segundo símbolo y a continuación el primero por detrás de su cabeza. Acordaos siempre de repetir mentalmente los nombres de los dos símbolos cada vez que los tracéis.

— Colocaos a la derecha del sujeto, con la mano izquierda sobre su nuca y la derecha sobre la parte superior de su cráneo.

— Visualizad en primer lugar el segundo símbolo, y a continuación el primero, sobre la nuca, pronunciando mentalmente sus nombres por tres veces.

— Pronunciad mentalmente el nombre y apellido del sujeto por tres veces.

— Visualizad la energía que entra en vosotros por la parte superior de vuestro cráneo, os llena por completo, y se desborda finalmente por vuestra mano derecha para entrar en el paciente.

— Formulad mentalmente y repetid por tres veces una frase del tipo «Te llenas de luz, de energía, de amor».

— Sed simplemente testigos de lo que sucede: dejad que la energía os atraviese para alcanzar a vuestro paciente, sin intervenir.

— Alejad de él vuestras manos y frotadlas dulcemente para interrumpir el contacto.

— Acariciad su aura por tres veces, de arriba abajo.

## TRATAMIENTO A DISTANCIA

Las personas suelen desconfiar del tratamiento a distancia, pues ello evoca de inmediato la idea del mago, del ocultista o, más simplemente... del charlatán.

Es una reacción que cabe esperar, pues el hombre, después de todo, tiende a desconfiar de lo que no conoce, considerándolo como negativo, sobre todo si carece todavía de explicación oficial proveniente de los científicos. Se olvida fácilmente que la mayor parte de lo que hoy en día es «científico» habría sido considerado como mágico u oculto apenas unos años antes de ser descubierto.

¿Cuál sería la reacción de un hombre del siglo XVIII si pudiera vernos conversar frívolamente, sosteniendo una pequeña caja en la mano, con alguien que se encuentra a cientos de kilómetros? ¿Magia o mistificación? Y un nativo de Australia, ¿qué pensaría viendo que basta con pulsar un botón para que una habitación se llene de luz?

A menudo, estos ejemplos nos hacen sonreír con condescendencia para con los «menos evolucionados»... como si nosotros, por el contrario, hubiésemos alcanzado el límite extremo del progreso y de la evolución de nuestra especie.

Nos quedan, sin embargo, infinidad de cosas por descubrir.

El occidental de nuestros días se ha habituado a recibir las imágenes televisivas, a hablar por teléfono, eventualmente con un teléfono portátil; se sirve de un mando a distancia para sus aparatos electrodomésticos, y todo ello porque tiene (o cree tener) un buen conocimiento de las ondas electromagnéticas.

Pero no acepta completamente la telepatía, aunque se hayan realizado investigaciones estadísticas en este dominio (con las cartas Zener), y aunque todo el mundo haya tenido, al menos una vez, una experiencia de este género: y ello porque la forma de energía relacionada con este fenómeno aún no ha sido codificada. No es, por otra parte, la primera vez que no se tienen en cuenta los testimonios, por numerosos que éstos sean: es el caso del cuerpo bioplásmico, es decir, de la estructura energética del aura, que los científicos no han reconocido más que en las fotos del aparato Kirlian.

Sin embargo, innumerables ejemplos de transmisión del pensamiento a distancia nos rodean: una madre que «siente» que su hijo está enfermo, dos hombres que dicen las mismas palabras al mismo tiempo, el teléfono que suena cuando ya sabemos quién nos llama. La lista sería larga, pero nuestra intención no es la de probar la existencia de estos fenómenos, de los que las técnicas del Segundo Nivel ofrecen tantas demostraciones empíricas; todo lo que deseamos lograr ahora es hacer vacilar la desconfianza frente a todo lo que se sale de nuestros esquemas habituales... lo que nos envía de vuelta a las cristalizaciones mentales de las que hablábamos al comienzo de este capítulo.

### Consejos para el tratamiento a distancia

Mikao Usui redescubrió el tratamiento a distancia, el cual exige el conocimiento de los símbolos del Segundo Nivel.

Su objeto es el de enviar un tratamiento de Reiki, físico y mental, a un paciente que se halla ausente; y ello sin reducir la eficacia de los cuidados.

Este método puede ser útil cuando es imposible encontrarse con el paciente, o cuando es preferible actuar sin contactarle físicamente; si se trata además de alguien a quien no hemos visto nunca, es mejor disponer de una foto: ello nos ayudará a enfocar mejor nuestra atención durante la sesión.

Para asegurar una mayor eficacia, hay que seguir también ciertas reglas.

— Evitad a toda costa enviar un tratamiento de Reiki a quienes no lo desean, y que quizá hayan rehusado ya un tratamiento directo: nadie tiene derecho a decidir lo que es mejor para otros, y nadie puede ser obligado a curarse si no tiene intención de ello.

— Si es posible, el destinatario del tratamiento a distancia deberá tumbarse y distenderse. Las indicaciones de los capítulos precedentes son siempre válidas.

— Haced siempre al menos un ciclo completo de cuatro tratamientos durante cuatro días consecutivos; luego, continuad en función de vuestro caso.

— Si el paciente necesita una cantidad importante de energía, podéis organizar tratamientos de grupo a distancia. Esto no obliga a los miembros del grupo a encontrarse en un mismo lugar, basta definir con ellos la hora y la duración del tratamiento. Es sobre todo en el caso de un trabajo colectivo que resulta importante para el paciente poder distenderse, porque la emisión de energía es tan poderosa que podría ser perturbado en su actividad.

### *Práctica del tratamiento a distancia*

— Efectuad el Centrado del corazón. Se trata en este caso de una premisa indispensable; entre otras razones, porque si uno está verdaderamente centrado en su corazón, puede «sentir» si el sujeto desea o no ser tratado con el Reiki.

— Visualizad la persona o la situación a tratar en la copa formada por vuestras manos.

— Trazad el tercer símbolo seguido del primero, siempre pronunciando su nombre mentalmente.

— Repetid por tres veces el nombre del paciente o de la situación a tratar.

— Visualizad el Reiki que, partiendo de vuestras manos, alcanza al destinatario (persona o situación).

— Interrumpid el contacto soplando delicadamente sobre vuestras manos, y frotadlas dulcemente.

Si vuestro Centrado del corazón es correcto, puede sucederos que encontréis dificultades durante la visualización del sujeto, o bien que le visualicéis meneando la cabeza como para rehusar algo: imágenes de este tipo indican que no aprecia el tratamiento, y que es mejor interrumpirlo todo y dejar estar la energía del Reiki.

Durante el tratamiento a distancia puede suceder también que otras imágenes se presenten solas, por ejemplo, de otras personas con aspecto de pedir algo. Se trata de un mensaje evidente, aunque sea inconsciente la mayoría de las veces.

Respondedles por medio de un pensamiento que les invite a aguardar su turno, y acabad primero el tratamiento que os disponíais a realizar. A continuación podréis ocuparos de estos seres que han solicitado vuestra atención.

### Otros empleos del tratamiento a distancia

Puede ser un complemento del autotratamiento del que hemos hablado a propósito del Primer Nivel (por ejemplo, para tratar la espalda u otras partes de nuestro cuerpo que difícilmente podemos alcanzar con nuestras propias manos).

Podemos servirnos de él para tratar las plantas y los animales, sobre todo cuando estos últimos pudieran constituir un peligro: las bestias feroces, por ejemplo, o una serpiente venenosa. Ved a este fin el capítulo consagrado a los animales.

## EL TRATAMIENTO KÁRMICO

Es quizá el más importante de los tratamientos para quienes no consideran el Reiki únicamente como una terapéutica. Consiste en tratar las situaciones pasadas, presentes o futuras (un examen en la escuela, una entrevista profesional...).

Por ejemplo, si comenzáis por tratar vuestra infancia, podéis reencontrar traumatismos que habíais apartado, y resolverlos definitivamente. Si ampliáis este concepto, estáis en condiciones de tratar vuestro karma.

Podéis «enviar energía a vuestro karma», lo que quiere decir que se solicita a la Realidad que nos ponga frente a las situaciones que necesitamos para deshacer nuestras ataduras y continuar nuestro camino.

Siendo el karma el conjunto de las lecciones a aprender en el curso de nuestra vida (un poco como el programa de estudios de nuestra existencia), el que decidamos someterlo a tratamiento significa que aceptamos abrirnos, evolucionar, salir de nuestros esquemas paralizados, y desenganchar nuestras certezas esclerosadas.

Hemos dicho muchas veces que el proceso de curación del Reiki comporta, además de su efecto terapéutico, el hecho de que se comienzan a interpretar los acontecimientos como signos de la Realidad: a menudo, nos encontramos exactamente en la situación que nos hace falta para nuestra expansión. Esto se produce más todavía si «enviamos» tratamientos a nuestro karma.

El tratamiento kármico es el más elevado de los del Reiki, pues se trata de la curación global en potencia. El Reiki deviene entonces mucho menos una herramienta terapéutica y mucho más uno de los numerosos métodos para alinearse con la Realidad (ver el capítulo consagrado al Tercer Nivel).

Este tratamiento no demanda, sobre el plano práctico, más que visualizar entre nuestras manos nuestro propio karma, o el karma de otro si el tratamiento no es para nosotros. Siendo el karma un concepto abstracto, no esperéis recibir imágenes concretas (aunque ello suceda a veces).

Para que los resultados sean más eficaces, será preciso que los tratamientos de la vida de vuestro sujeto precedan al tratamiento kármico propiamente hablando: enviad amor a las fases de su existencia partiendo del presente, y proceded hacia atrás hasta su más tierna infancia. Esta preparación es preciosa, pues es de ella de donde el sujeto sacará su fuerza para hacer frente a las ataduras kármicas a medida que el proceso de curación las haga reaparecer.

No hay sino un punto que subrayar: cuando se dice que se puede tratar una situación, ello no quiere decir que tengamos derecho a forzarla, a dirigirla según nuestra voluntad. No proponemos ninguna forma de magia más o menos blanca, que se fundaría en la voluntad del practicante.

El tratamiento de Reiki no es más que la canalización de la energía hacia una situación dada, con el único fin de que ésta se desarrolle de la manera más justa objetivamente, sin interferencias del exterior. Por ejemplo, si tratáis una relación sentimental, no significa que podáis forzar a vuestra pareja a permanecer a vuestro lado; significa, por el contrario, que ayudáis a la Realidad para que evolucione de la manera objetivamente más útil. Lo que puede no coincidir con vuestro deseo, más o menos egocéntrico.

Tratar una situación significa ayudar a la Realidad a manifestar su Plan, y no obligarla a secundar los nuestros.

# TERCER NIVEL
# LA CONCIENCIA

EN el marco más general de los procesos de curación por medio del Reiki, el Tercer Nivel corresponde al de la experiencia; es ahí donde el Hombre y la Realidad se funden.

Es la fase de síntesis, de recuperación de las experiencias de los otros dos niveles para formar un equilibrio más fuerte.

En este marco, el Nivel de Maestro no tiene muchas reglas que observar, siendo más bien una experiencia que se propone y que hay que vivir totalmente. El seminario mismo no puede ser considerado específicamente como un simple encuentro; se trata de una relación que se instaura con el Maestro, y que puede durar varios días, semanas o años... según las exigencias del individuo y su situación particular.

La única fase que se puede identificar es la iniciación, que consiste asimismo en una sola ceremonia. El candidato aprende otro símbolo redescubierto por Usui, el cual le permitirá iniciar a otras personas. Pero no es esto todo: se puede «iniciar» igualmente animales, objetos, lugares, situaciones; en este caso, el objeto recibe una energía positiva permanente, se encuentra «cargado», por así decirlo, y consiguientemente en condiciones de transmitir su energía a todo lo que le rodea.

La elección del Tercer Nivel no significa necesariamente que se haya decidido «ser Maestro». Como ya hemos tenido ocasión de decir, los Niveles Segundo y Tercero corresponden esencialmente a una voluntad de desarrollo interior que, en este caso, deviene global: la premisa es este «soltar amarras» que consiste en rendirse a la Realidad, en aceptar totalmente las experiencias y enseñanzas que ella nos reserve, y en decidir consagrar nuestra vida a nuestra expansión interior.

Esto no significa que ya lo hayamos conseguido: un Maestro de Reiki es alguien que ha decidido madurar, pero no necesariamente alguien que ha alcanzado la Realización.

Es preciso asimismo ponerse de acuerdo sobre el término «Maestro»; optar por este papel no quiere decir en absoluto que se tenga algo de particular que dar a los demás, que se sea superior o mejor, en pocas palabras, que se esté en un nivel más elevado en relación a los demás. Significa simplemente que se está preparado para transmitir lo que se ha recibido para que se beneficien de ello el mayor número posible de personas. En efecto, se puede muy bien decidir vivir el Tercer Nivel sin cumplir la función de Maestro. Estos dos aspectos no van necesariamente ligados.

Al acceder a este nivel, mostramos que hemos decidido llevar hasta su término una decisión interior, que estamos prestos a emprender procesos de curación más avanzados y más globales (al nivel kármico sobre todo) que los precedentes.

Con el Tercer Nivel, todo sucede en el plano de la experiencia: todo lo que nos sucede —de positivo, y sobre todo de negativo— nos da preciosas indicaciones sobre lo que debemos o no debemos hacer.

# OTRAS APLICACIONES DEL REIKI

EL Reiki, claro está, no se halla reservado a los seres humanos; ya hemos tenido ocasión de decir que está destinado a cualquier ser, vivo o no. Sus límites no dependen más que de nuestra imaginación y de nuestra creatividad.

Con el tiempo, se aprende a servirse de él en las situaciones más dispares; los párrafos que siguen proporcionan algunos ejemplos, sacados como siempre de la experiencia que los Maestros de Reiki han acumulado en el curso de este siglo; una vez más, os invitamos a considerarlos tan sólo como indicaciones generales que vuestra experiencia os permitirá integrar y enriquecer.

Todos los ejemplos contenidos en este capítulo desmienten a quienes afirman que la eficacia del Reiki sólo se debe a la autosugestión de la persona que se somete al tratamiento: ¿cómo pensar que los animales, las plantas o los objetos se dejen llevar a la autosugestión ante la idea de experimentar una sesión de Reiki?

## LOS ANIMALES

La aplicación del Reiki a los animales es casi idéntica a

## REIKI PARA LOS ANIMALES

la practicada para los seres humanos, teniendo en cuenta siempre, claro está, las dificultades logísticas de ciertas situaciones. Como ya se ha dicho, en ciertos casos es mejor recurrir a un tratamiento a distancia del Segundo Nivel. En general, en presencia de animales domésticos, se aconseja comenzar por detrás de las orejas, donde les gusta que les acaricien, para pasar a continuación a todo el cuerpo, o bien, según el caso, tratar directamente la región circunstancialmente dolorosa.

En principio, los perros y los gatos piden el Reiki cuando lo necesitan, y se recuestan sobre su espalda, como si reclamasen mimos; cuando han obtenido suficiente, se levantan y se van. En general, basta con satisfacer su demanda.

En el caso de animales (pájaros u otros) poco inclinados a dejarse acariciar, basta con tender la palma de las manos en su dirección y tratarles a una cierta distancia.

Si se quiere aplicar el Reiki a los peces de un acuario, hay que poner las manos sobre las paredes de este último y dirigir nuestro pensamiento hacia el animal enfermo.

## LAS PLANTAS

Incluso las plantas pueden aprovecharse enormemente de las aplicaciones de Reiki: serán más bellas, más fuertes y más resistentes a las infecciones parasitarias. A este respecto, el mundo vegetal puede suministrar una excelente prueba experimental de la eficacia del Reiki: basta con tomar dos plantas de interior idénticas y comenzar a tratar una de ellas. Al cabo un tiempo, la diferencia en términos de crecimiento y floración salta a la vista. Hay, esencialmente, tres maneras de tratar a los vegetales, según la situación y el

# REIKI PARA LAS PLANTAS Y LA ALIMENTACIÓN

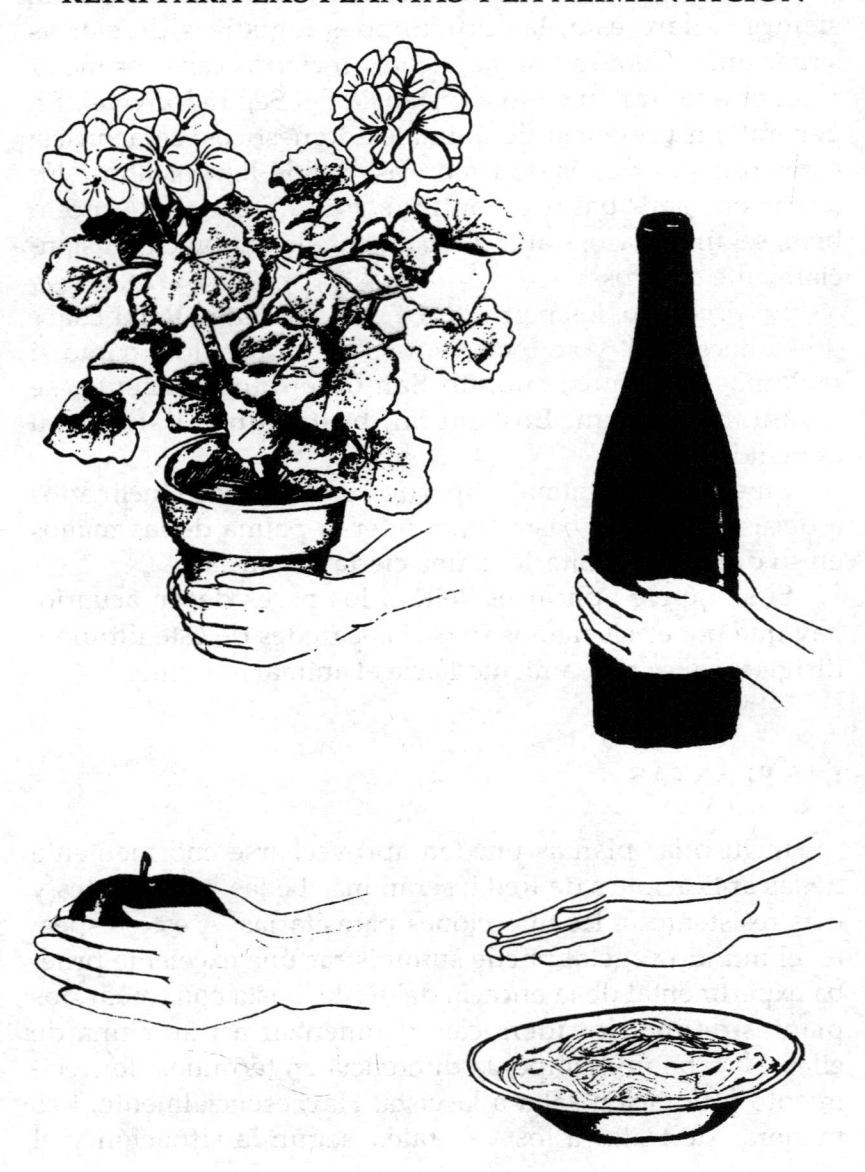

tipo de planta. Como siempre, debéis ser vosotros quienes decidáis la más apropiada.

1) Transmitir el Reiki a las raíces (poner las manos sobre la tierra o sobre la maceta) en caso de plantas de interior.

2) Colocarse frente a la planta y girar la palma de las manos hacia esta última o bien, si se trata de un árbol, rodear su tronco con los brazos.

3) Transmitir el Reiki a las semillas antes de plantarlas. Colocar las manos unos centímetros por encima de las semillas, como para bendecirlas, o bien, poner las semillas en la mano izquierda y aplicar el Reiki con la derecha, manteniéndola siempre un poco más arriba.

## OTRAS APLICACIONES

Podemos igualmente servirnos del Reiki para transmitir energía positiva a los objetos; quienes se encuentran en el Segundo Nivel pueden también cargar positivamente una habitación, un despacho, o cualquier otro sitio.

Transmitir el Reiki a un objeto antes de ofrecerlo (con el Tercer Nivel, se puede igualmente «iniciarlo») es una forma de «desear ventura» al destinatario del regalo.

Os proponemos algunos ejemplos más, esperando que sean claros.

## LOS ALIMENTOS

Los alimentos son más sanos si se les transmite el Reiki:

se combaten los efectos nocivos que pudieran tener (por ejemplo, se neutraliza la radioactividad o las sustancias contaminantes que pudieran contener).

Si es posible, será mejor tratar los alimentos cuando todavía se encuentran en la cacerola (sin la tapa).

## LOS MEDICAMENTOS

La aplicación de Reiki a los medicamentos ayuda a combatir los efectos secundarios de éstos.

## LOS OBJETOS

Utilizando una cierta energía personal, a saber concentrándose intensamente sobre lo que uno hace sin limitarse a dejar actuar al Reiki, se puede tratar los objetos que no funcionan (por ejemplo, una batería de automóvil descargada, un televisor, un lavavajillas, un reloj, etc.).

# MEDITACIÓN PARA LA SALUD DEL PLANETA

DADA la época tan particular que está viviendo la humanidad, numerosos grupos diseminados sobre nuestro planeta emiten regularmente energía positiva para tratar de evitar las catástrofes ecológicas, políticas y sociales que muchos han previsto para los próximos años.

Es en este marco donde se inscribe de modo natural el Reiki: un gran número de Maestros, de la A.I.R.A. y de la Alianza, han decidido meditar conjuntamente, si bien desde el lugar en que se encuentre cada uno, para enviar regularmente a la Tierra energía benéfica.

Esta acción, por supuesto, está abierta a todos los que canalizan el Reiki, y aún diremos más: sería muy deseable que un número cada vez mayor de personas se consagrase a esta iniciativa, aunque no fuera más que por algunos minutos a la semana, tanto para intensificar el tratamiento como para comenzar a experimentar una nueva dimensión que va más allá del ego de los diferentes individuos.

El momento escogido para tratar nuestro planeta es el domingo, a las dieciocho horas (hora local). La sesión debe durar al menos quince minutos.

La invitación se dirige a todos para que mediten en función de la hora local de los diferentes países, de modo que

## TRATAMIENTO DE CURACIÓN PARA EL PLANETA

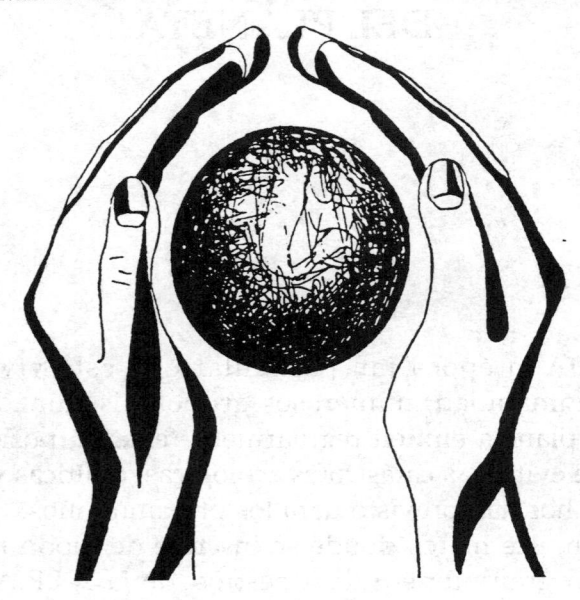

durante todo el domingo la Tierra se encuentre envuelta en una gigantesca ola de energía positiva que sigue la rotación del planeta

Si no se puede efectuar el tratamiento a la hora prevista, no es grave: puede hacerse en cualquier otro momento. Pero antes de la sesión, habrá que lanzar un «aviso» al Universo precisando que la energía que vamos a dar no deberá ser liberada más que el domingo a las dieciocho horas.

Estos párrafos, que tratan de temas reservados en general al Segundo Nivel, podrán parecer algo oscuros a quienes ignoran la relatividad del espacio-tiempo. Sea como fuere, las experiencias propuestas por el Reiki tienen todas una característica en común: que se comprenda o no su mecanismo, que se crea o no en él, carece de importancia, pues son eficaces de todos modos. Es exactamente como mi televisor, que cambia de canal obedeciendo a impulsos de mi mando a distancia, aunque yo no sepa nada de electromagnetismo o de electrónica.

## LA IMPORTANCIA DE LAS FORMAS DE PENSAMIENTO

Numerosos investigadores (principalmente los relacionados con la Gnosis de Princeton) han redescubierto recientemente la existencia de las formas de pensamiento, las cuales muchas tradiciones esotéricas conocían ya bajo los nombres más diversos, y la magia ritual había explotado abundantemente.

El concepto es el siguiente: cuando se vuelve a menudo sobre una imagen mental, se acaba por cargarla de energía, hasta el punto de que llega a comportarse como si estuviera viva. Cuanto más intenso y frecuente sea el pensamiento, más dotada de vida será la forma. Desde luego, nos referimos a manifestaciones que se asemejan a la vida, y no de seres vivos realmente. Por ejemplo, las formas de pensamiento tienen tendencia a conservarse, a escapar a la destrucción, y en consecuencia los acontecimientos van más bien en una dirección que favorece su supervivencia.

Estas formas de pensamiento gozarían de una cierta libertad de acción que las impulsaría a unirse a otras formas semejantes para reforzarse mutuamente (recordemos una vez más que la comparación con el comportamiento de un ser vivo no es más que una solución de conveniencia).

Es sobre este principio sobre el que se basan todas las escuelas americanas de «positive thinking» (pensamiento positivo) que enseñan a favorecer la solución de nuestros problemas del modo más simple posible adoptando un comportamiento mental positivo y constructivo frente a la existencia.

Desgraciadamente, lo mismo sucede con los pensamientos negativos: todos sabemos que, muy a menudo, todo parece marchar bien para los optimistas y para quienes tienen confianza en sí mismos, mientras que para los demás, los que se consideran siempre perdedores, la vida es mucho más difícil.

Una de las características de las formas de pensamiento es la de oponerse a toda costa a la desintegración que las amenaza cada vez que se abandona el pensamiento que las nutre, y en consecuencia hacen todo lo posible por evitar que ello se produzca.

Ello explica por qué es tan difícil cambiar de hábitos y más aún librarse de ellos. Es también por esto que se aconseja, cuando se quiere adoptar nuevos comportamientos, ser constante y regular (por ejemplo, meditar, hacer gimnasia, etc., a la misma hora y en el mismo lugar) para reforzar una forma de pensamiento bien precisa.

Es una de las razones, entre otras, que pueden explicar el valor y el mecanismo del tratamiento del planeta: si una serie de personas, en número suficiente, envían al mismo tiempo —y regularmente— pensamientos positivos, llegan a dar vida a una forma de pensamiento muy poderosa, la cual hará todo lo posible por sobrevivir y por alimentarse, favoreciendo la manifestación de otros pensamientos positivos análogos.

## CÓMO ENVIAR ENERGÍA A LA TIERRA

*a)* Sentados, con los ojos cerrados, efectuar el Centrado del corazón.

*b)* Mantener las manos en posición paralela, a unos treinta centímetros la una de la otra y a la altura del ombligo; eventualmente, se pueden colocar las manos sobre los muslos. Imaginar que se tiene la Tierra entre las manos, que puede rotar libremente sin que se la toque. El polo Sur vuelto hacia el ombligo, el polo norte hacia el exterior.

*c)* Formular mentalmente una frase de meditación (por ejemplo, «el Reiki está curando la Tierra»).

*d)* Elevar simbólicamente la Tierra con las manos hasta la altura del busto, y acariciar por tres veces su aura con ambas manos (una vez por los lados, otra vez por detrás, y otra vez por delante).

*e)* Despedíos y saludad al planeta.

*f)* Frotarse lenta y delicadamente las manos para interrumpir el contacto.

# REIKI Y REEQUILIBRADO DE LOS CHAKRAS

A propósito de los tratamientos de Primer Nivel, hemos tenido ocasión de subrayar que los puntos a tratar corresponden casi siempre a la localización física de los chakras.

Trataremos ahora de explicarlo mejor y de proporcionar algunas informaciones suplementarias sobre este punto. Lo que vamos a decir en este capítulo no es propio del Reiki en la medida en que no deriva directamente de los trabajos de Mikao Usui; es justamente por ello por lo que esta cuestión es raramente tratada en los seminarios, en función siempre de la preparación y de las decisiones operadas por los diferentes Maestros.

Sin embargo, pensamos que este estudio es particularmente interesante, pues esclarece bien el aspecto energético del Reiki.

## AURA Y CUERPO BIOPLÁSMICO

Diferentes enseñanzas esotéricas y doctrinas filosóficas que han visto la luz un poco por todas partes en el mundo han avanzado la hipótesis, en el curso de los siglos, de la existencia de una emanación energética externa al cuerpo físico; esta manifestación ha recibido los nombres más diversos, pero el más corriente es el de aura.

Según las doctrinas y las escuelas, se ha considerado un número muy variable de estos cuerpos sutiles: desde uno (que se corresponde asimismo con el alma cristiana) hasta muchas decenas en el caso de ciertas clasificaciones teosóficas.

Para resumir estos puntos de vista diferentes, se podrían esquematizar estos cuerpos en tres manifestaciones fundamentales:

— un cuerpo etérico, estrechamente ligado al elemento físico, al que envuelve y rodea hasta una distancia de una veintena de centímetros;
— un cuerpo astral, más sutil que el precedente y que se extiende hasta unos dos metros aproximadamente;
— un cuerpo mental, que puede llegar hasta una distancia de cinco metros en relación al cuerpo físico.

Como se puede constatar, la estructura ternaria de la realidad —de la que ya hemos hablado en capítulos precedentes— es respetada una vez más.

Los videntes, los individuos con percepciones extrasensoriales, e incluso los sanadores, sostienen que llegan a distinguir los colores del aura, y que se sirven de esta información para juzgar las condiciones físicas y emocionales del sujeto que tienen ante sí. Por otra parte, existen técnicas que permiten desarrollar este tipo de visión.

Una vez más, ante el inevitable escepticismo de quienes rehúsan *a priori* todo lo que no pueden ver o tocar con el dedo, debemos recordar que nuestros ojos no distinguen más que una pequeñísima parte del espectro electromagnético.

En realidad, nuestros cinco sentidos son aptos para recibir sólo una parte de las informaciones relativas a lo que nos rodea: no escuchamos los ultrasonidos (contrariamente a los perros y murciélagos, por ejemplo), no vemos los rayos X ni los ultravioleta, no percibimos las ondas hertzianas, etc. No obstante, todo esto nos rodea.

Sin embargo, creemos en la presencia de estas ondas porque hemos llegado a construir máquinas que —prolongando nuestros sentidos— consiguen captarlas e interpretarlas: el receptor del mando a distancia de nuestro televisor, la antena de nuestra radio, etcétera.

Por el contrario, nos cuesta mucho aceptar la existencia de energías que aún no hemos conseguido ver y medir. Pese a todo, por lo que respecta a los cuerpos energéticos, se han hecho grandes progresos recientemente con la denominada «fotografía Kirlian», que permite justamente mostrar la radiación magnética, la «ki».

Por medio de la emisión de descargas eléctricas de frecuencia y voltaje muy elevados (y, claro está, a muy baja intensidad, para evitar cualquier peligro), puede verse una mano, una hoja, cualquier objeto colocado sobre una placa fotográfica, rodeado de una emisión energética.

Parece excesivo hablar de fotografía del aura, como algunos lo han hecho sin dudar. Para volver a la estructura ternaria citada al comienzo de este capítulo, el aparato Kirlian está en condiciones de revelar las emisiones de lo que hemos denominado el cuerpo etérico —a saber, el más próximo al cuerpo físico—, el cual consistiría, según numerosos investigadores, en un campo de plasma ionizado.

En el curso de estos últimos años, un investigador alemán, Peter Mandel, ha elaborado incluso una forma de revelar las irregularidades del aura presentes en la pulpa de los dedos, lo que permite diagnosticar enfermedades y desequilibrios del paciente y obtener a continuación resultados espectaculares. Sus libros contienen una serie de fotografías Kirlian de manos humanas junto con su interpretación. En Italia, sus investigaciones han sido retomadas por Gabriele Biotti.

Cuando abordábamos las técnicas del Primer Nivel, vimos que se aconsejaba acariciar el aura para concluir un tratamiento, para tranquilizar al sujeto y para rearmonizar su energía.

Se puede hacer independientemente de todo lo demás y, en este caso, bastará con tender a la persona que se desea rearmonizar, y acariciar su aura por tres veces, partiendo de la cabeza para llegar a los pies.

Es un método muy simple y muy útil para hacer frente al estrés y a las fuertes tensiones, en circunstancias en las que no se ha tenido tiempo de adoptar un tratamiento más profundo y completo.

Pero existe igualmente una técnica que permite obtener el efecto opuesto, a saber, para tonificar una persona en dificultades que está eventualmente a punto de desvanecerse a consecuencia de un desfondamiento energético: partiendo de los pies y ascendiendo hacia la cabeza, se puede «electrizar» su aura con algunos movimientos rápidos y armoniosos, un poco como se haría con la piel de un gato.

## REEQUILIBRADO DE LOS CHAKRAS

Todo lo que hemos dicho del aura sirve un poco de premisa a la cuestión de los chakras (término sánscrito que significa «rueda», pues los chakras aparecen como torbellinos de energía a lo largo del eje principal de nuestro cuerpo).

Al igual que el aura, los chakras han sido estudiados por las escuelas filosóficas y de misterios —antiguas y actuales—, y no es sino recientemente cuando su existencia ha podido ser confirmada por la ciencia.

Diferentes escuelas han avanzado la hipótesis de un número variable de chakras, incluso si en la mayor parte de los casos se tiende a reconocer la existencia de siete centros energéticos principales localizados a lo largo del canal energético fundamental que sigue la columna vertebral, y cuya función esencial es la del intercambio de energía con el medio que nos rodea: cuando uno de los chakras está bloqueado (y en general, hay más de uno en esta situación), se constata un desequilibrio energético de los órganos correspondientes.

Recordemos que la técnica del autotratamiento enseñada en el Primer Nivel actúa —igual que el tratamiento rápido de los demás— exactamente sobre la posición de los siete chakras. La concentración del Reiki sobre los chakras hace que la energía penetre directamente en el cuerpo y circule por él.

En el plano físico, tenemos una correspondencia bien precisa de los chakras: son las glándulas endocrinas, de las que no se sabía gran cosa y cuyas funciones no han podido ser descubiertas —al menos en parte— más que en el curso de estos últimos años. Se sabe, en efecto, que regulan el sistema inmunitario, el crecimiento físico, las funciones internas, etcétera.

Como acabamos de decir, en condiciones normales es bien raro que todos los chakras estén activos: los desequilibrios internos o los traumatismos emocionales súbitos hacen caer su funcionamiento. En consecuencia, reequilibrarlos consiste en imprimir un fuerte impulso a todo un proceso de rearmonización general.

Esto puede hacerse por medio de diferentes técnicas: la meditación, ciertos ejercicios de yoga, el empleo de mantras, los cristales, los colores... No nos detendremos sobre estos temas pues numerosos textos, muy valiosos, lo han hecho ya tanto desde el punto de vista teórico como desde el práctico.

## REIKI Y CHAKRAS

En este libro sugerimos algunas modalidades de aplicación del Reiki para reequilibrar los chakras.

Para asegurarse de la eficacia de un tratamiento, no es preciso conocer perfectamente la estructura de los chakras; basta con saber dónde se encuentran, información que proporcionan las ilustraciones y el contenido del párrafo siguiente. Pero seamos claros y precisemos que todo lo que pueda decirse sobre la localización física de los chakras no puede ser sino aproximativo, en la medida en que cada individuo es ligeramente diferente de los otros a este respecto.

Además de lo que hemos expuesto en el capítulo sobre el Primer Nivel, he aquí un método interesante de armonización de las energías.

Comenzad por tratar los chakras primero y sexto con la mano izquierda y con la mano derecha, respectivamente; pasad a continuación al segundo y al quinto, y después al tercero y al cuarto.

Repitiendo esta técnica, obtendréis un inicio de armonización de los diferentes chakras, y el restablecimiento progresivo del equilibrio. Todas las posiciones deben mantenerse mientras no se tenga la misma sensación en ambas regiones tratadas.

Como alternativa, os proponemos otro método particularmente eficaz en las personas con una vida mental muy activa.

Colocad una mano sobre el sexto chakra (el tercer ojo), y tratad con la otra mano los otros chakras siguiendo el orden

REIKI Y REEQUILIBRADO DE LOS CHAKRAS 111

## GLÁNDULAS ENDOCRINAS Y CHAKRAS

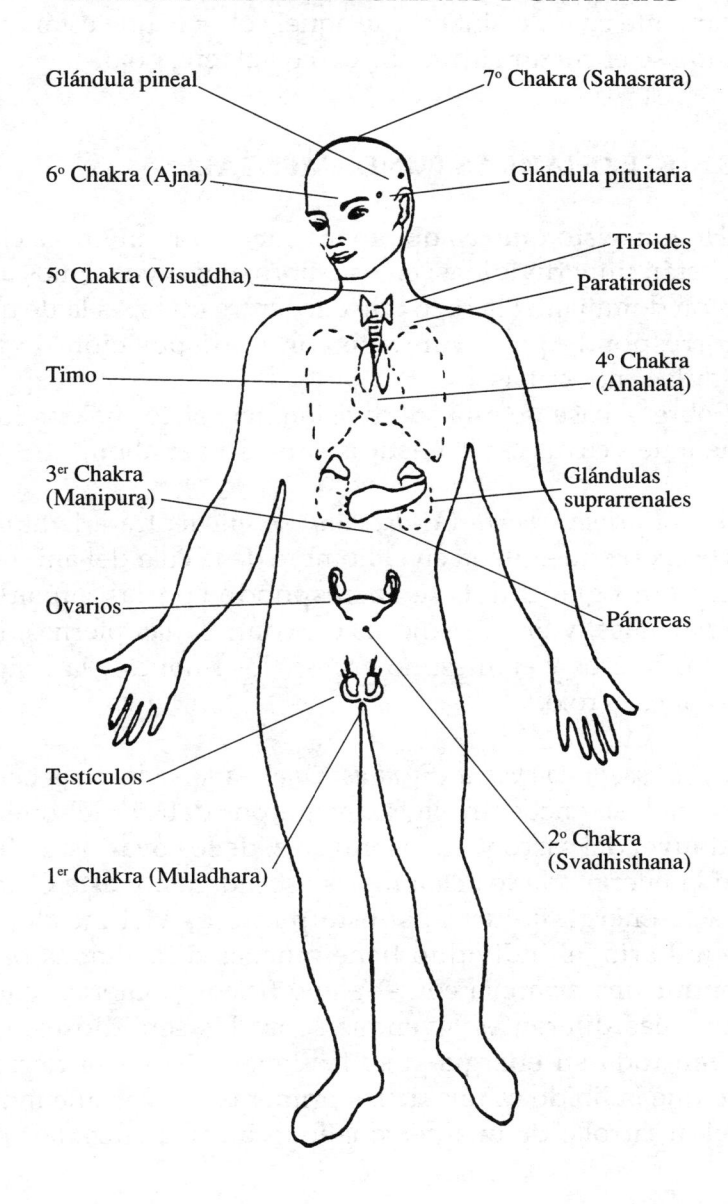

- Glándula pineal
- 7º Chakra (Sahasrara)
- 6º Chakra (Ajna)
- Glándula pituitaria
- Tiroides
- 5º Chakra (Visuddha)
- Paratiroides
- Timo
- 4º Chakra (Anahata)
- 3ᵉʳ Chakra (Manipura)
- Glándulas suprarrenales
- Ovarios
- Páncreas
- Testículos
- 2º Chakra (Svadhisthana)
- 1ᵉʳ Chakra (Muladhara)

ascendente, a partir del primero; pasad al chakra sucesivo únicamente cuando sintáis que aquel sobre el que estáis trabajando se encuentra armonizado con el tercer ojo.

## LOS SIETE CHAKRAS FUNDAMENTALES

Hemos visto que las opiniones sobre el número de chakras están muy divididas; en este libro, nos atendremos a la opinión dominante: la razón de ello, entre otras, es la de que se corresponde perfectamente con la disposición de las glándulas endocrinas.

Sobre la base de esta subdivisión, hay siete chakras fundamentales, cuyas características vamos a ver ahora.

1. *El primer chakra* (*Muladhara*) se encuentra a la altura del cóccix (lo que queda en el hombre de la cola del animal): en el plano glandular, se corresponde con las cápsulas suprarrenales, y en el plano físico, controla las piernas, los pies, los huesos y el intestino grueso, los riñones y la vejiga. Su color es el rojo.

2. *El segundo chakra* (*Svadhisthana*) es la sede de la energía sexual; se encuentra ligeramente por debajo del ombligo, al nivel del sacro y, en las mujeres, de los ovarios. El flujo de la energía de los chakras es ascendente, y este centro capta la energía telúrica; si este punto es víctima de un desequilibrio, el individuo tiene muchas dificultades para encontrar una armonía con el plano físico y material (compárense las diferentes leyendas sobre los semidioses que perdían toda su energía si se les levantaba de la tierra). Dado que la libido es una de las primeras fuerzas que inducen el desarrollo de una personalidad individualizada, este

chakra es igualmente el responsable de las manifestaciones del ego y de la expresión, para uno mismo y frente a los demás, de las formas emocionales más físicas y pasionales. Un bloqueo —o un desequilibrio en general— de la energía regulada por el segundo chakra acarrea graves problemas sexuales y emocionales. Las glándulas correspondientes son los ovarios y los testículos, los órganos son el aparato sexual y reproductor. El color del segundo chakra es el naranja.

3. *El tercer chakra (Manipura)* corresponde al plexo solar; en el plano físico, se encuentra justo por encima del ombligo. El plexo solar regula el equilibrio energético del cuerpo (la mayor parte de las artes marciales utilizan y canalizan correctamente la potencia de este chakra para aumentar —a menudo de forma espectacular— la fuerza física). Es aquí donde se desarrolla el instinto de poder que corre a menudo el riesgo de escapar a todo control y de convertirse un fin en sí mismo en lugar de ser simplemente un factor de desarrollo. Es en el plexo solar donde anidan las emociones más primitivas y difíciles de dominar: un temor repentino acarrea una sensación de gran frío y una contracción al nivel del tercer chakra.

La glándula que le corresponde es el páncreas, los órganos son el estómago, el hígado, el bazo, la vesícula biliar, el sistema nervioso. Su color es el amarillo.

4. *El cuarto chakra (Anahata)* es el centro del eje energético humano y corresponde al corazón (no físicamente, pues se encuentra en medio del tórax, y no a la izquierda). Es el pasaje entre los chakras inferiores, más ligados a la materia, y los superiores, más evolucionados. Es de él de donde proviene la energía que alimenta los elementos superiores de la afectividad, la fraternidad y la expansión interior. Es muy

probable que con la Nueva Era, la primacía del tercer chakra sea reemplazada por la del cuarto, el corazón. Numerosas técnicas de meditación están más particularmente consagradas a la apertura y maduración de este chakra. La glándula correspondiente es la glándula timo, y los órganos son el corazón, los brazos, las manos, el nervio vago y todo el aparato circulatorio. Su color es el verde.

Dada la importancia del chakra del corazón, nos parece útil ilustrar un método simple de estimulación de la glándula timo. No se trata de Reiki, pero queremos presentarla pues puede ser preciosa para el autotratamiento o el tratamiento de otras personas.

Hemos dicho que la glándula timo (y en consecuencia el cuarto chakra) se encuentra a la altura del corazón, en medio de la caja torácica. Para estimular la glándula, basta con golpearla de forma suave y ligera una veintena de veces, con la punta de los dedos o con el puño. Por supuesto, podéis tratar esta región con el Reiki, o aplicar ambas técnicas. Lo ideal para obtener un mayor efecto sería proceder a esta estimulación al menos una vez al día.

Hasta hace poco, se pensaba que la glándula timo era una glándula inútil e incluso nefasta; se ha descubierto recientemente que, por el contrario, rige todo el sistema inmunitario.

5. *El quinto chakra* (*Visuddha*) se encuentra a la altura de la garganta y asegura todas las formas de comunicación, de creatividad y de expresión personal. Más que cualquier otra, es particularmente estimulada por el empleo adecuado de los mantras. Su glándula correspondiente es la tiroides, y sus órganos son —además de la garganta— el esófago, los pulmones y el aparato respiratorio.

Su color es el azul vivo.

# POSICIÓN DE LOS ÓRGANOS HUMANOS

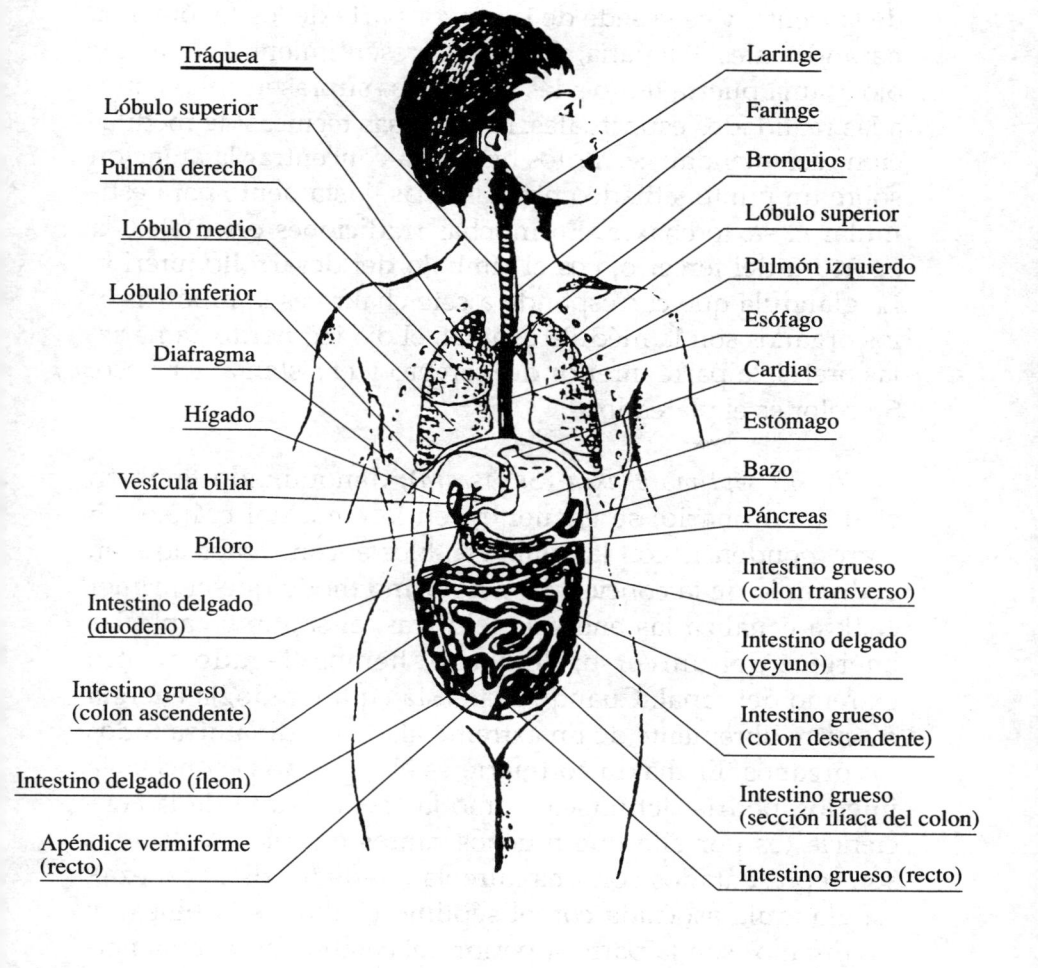

- Tráquea
- Lóbulo superior
- Pulmón derecho
- Lóbulo medio
- Lóbulo inferior
- Diafragma
- Hígado
- Vesícula biliar
- Píloro
- Intestino delgado (duodeno)
- Intestino grueso (colon ascendente)
- Intestino delgado (íleon)
- Apéndice vermiforme (recto)

- Laringe
- Faringe
- Bronquios
- Lóbulo superior
- Pulmón izquierdo
- Esófago
- Cardias
- Estómago
- Bazo
- Páncreas
- Intestino grueso (colon transverso)
- Intestino delgado (yeyuno)
- Intestino grueso (colon descendente)
- Intestino grueso (sección ilíaca del colon)
- Intestino grueso (recto)

6. *El sexto chakra* (*Ajna*) corresponde al tercer ojo, y es quizá el más conocido, incluso por quienes no tienen sino nociones superficiales de la cuestión. Se encuentra en medio de la frente, y es la sede de la mayor parte de los fenómenos paranormales: telepatía, videncia, presentimientos. El tercer ojo es una puerta tanto a las realidades suprasensibles como a las realidades espirituales. Numerosas técnicas de meditación recomiendan cerrar los ojos para concentrar la atención sobre un punto situado entre las cejas, justamente para estimular el sexto chakra. En muchas tradiciones orientales, la apertura del tercer ojo es el símbolo del desarrollo interior. La glándula que corresponde a este chakra es la hipófisis, y los órganos son la médula espinal, el ojo izquierdo, la nariz, las orejas, la parte inferior del cerebro y el sistema nervioso. Su color es el plateado.

7. *El séptimo chakra* (*Sahasrara*), denominado también chakra coronario, se encuentra en la cima del cráneo, en correspondencia con la fontanela. Nos encontramos aquí en el dominio de la conciencia: del mismo modo que el primer chakra canaliza las energías telúricas, el séptimo capta las energías del universo; de hecho, hemos llegado al otro extremo del canal. Cuando todo está equilibrado, la energía discurre libremente de un extremo al otro, y dinamiza todos los órganos. El chakra coronario es el lugar de la conciencia interior, podría definírselo como la «sede física» de la conciencia (es por ello que muchos santos o sabios realizados son representados con una aureola alrededor de la cabeza). La glándula asociada con el séptimo chakra es la pineal, y los órganos son la parte superior del cerebro, el sistema nervioso central y el ojo derecho. Su color es el violeta.

# PRINCIPIOS DE LA ALIANZA DE LOS MAESTROS DE REIKI

EN el curso de esta obra hemos visto que hay dos asociaciones principales de Maestros de Reiki, la Alianza y la A.I.R.A.; hemos dicho igualmente que un Maestro de Reiki no tiene por qué pertenecer forzosamente a una de estas asociaciones y que, de todos modos, la experiencia del Reiki es universal y siempre idéntica, independientemente de la vía que se siga para adquirirla.

Actualmente, la asociación más conocida en Europa es la Alianza; para completar las informaciones contenidas en este libro, hemos decidido presentar aquí una carta de los principios que deben respetar los Maestros que forman parte de ella.

Como veremos a continuación, estos principios conciernen esencialmente a ciertos criterios de organización de la enseñanza de los Niveles de Reiki. La mayor parte de los Maestros de Reiki los acepta, y, por el contrario, se constatan fuertes divergencias por lo que respecta a la cuestión económica: éstas son particularmente evidentes, por ejemplo, en lo que concierne al coste de la iniciación que, por ejemplo, la mayor parte de los Maestros italianos que no forman parte de la Alianza consideran verdaderamente demasiado elevado y excesivo en relación a la realidad de su país; por otra parte, se ha previsto una flexibilidad mucho mayor para la evaluación de las situaciones en las que la contribución económica exigida es superior a las posibilidades del candidato. Para esos casos, se ha puesto a punto una forma de intercambio energético diferente, de forma que no se traicione el sentido sutil de este compromiso.

Hay en cambio un punto sobre el que no se puede sino estar de acuerdo, y es el que concierne a los periodos mínimos de maduración entre dos iniciaciones a Niveles sucesivos.

Quienes hayan tenido la paciencia de seguirnos hasta aquí comprenderán perfectamente por qué no podemos sino estar de acuerdo.

Veamos ahora este documento de la Alianza.

## LÍNEAS FUNDAMENTALES

Nos comprometemos a honrar el Reiki y a conservar nuestra integridad en el seno de la tradición del sistema de curación natural de Usui.

Este compromiso es confirmado por nuestra intención de:

— Comunicarnos entre nosotros sobre cuestiones personales y profesionales.
— Estar dispuestos a evolucionar y a rehacer constantemente sobre nosotros mismos un examen interior.
— Tratarnos los unos a los otros con respeto.
— Asegurar una contribución energética significativa al Maestro que nos ha iniciado.
— Ser discretos en cuanto a los Símbolos.

La primera etapa hacia la condición de Maestro es una profunda relación interior con el Reiki y el copromiso que de ello se deriva.

La mayor parte de estos principios no es necesario discutirlos. Sin embargo, a la luz de nuestra experiencia, hemos sido conducidos a recomendar una contribución energética específica de diez mil dólares para la iniciación al nivel de Maestro. Las motivaciones de esta decisión son las siguientes:

— La iniciación al nivel de Maestro comporta una implicación total de todo nuestro ser en esta decisión. Los diez mil dólares son una expresión física de este compromiso.
— Esta cifra de diez mil dólares es igualmente simbólica. Representa mucho, pero no más o menos que el esfuerzo exigido para las otras pruebas de compromiso que consideraremos.
— Esta contribución es un reconocimiento del honor y el respeto que experimentamos por el Maestro de Reiki que nos ha iniciado.
— Los diez mil dólares no tienen por qué constituir necesariamente un pago en dinero (sobre todo en los países del Tercer Mundo).

Es importante que esta obligación constituya una contribución energética equivalente y que sea expresada concretamente, retomando en tanto que Maestros el compromiso formulado por Hawayo Takata: «Estoy dispuesto a vender mi casa y todo lo que poseo.» (Lo que representa, en efecto, mucho más de diez mil dólares.)

Se necesita un cierto tiempo para que la energía de cada iniciación sea absorbida y se establezca en cada individuo un lazo consolidado.

Estos puntos fundamentales han conducido a muchos Maestros a añadir algunas recomendaciones específicas.

Parece haberse obtenido cierto consenso sobre las cuestiones siguientes:

**Primer Nivel**: Acordado a todos los que lo soliciten. Coste: el equivalente de ciento cincuenta dólares (mínimo).
Los niños serán iniciados únicamente si un adulto de la familia ya ha recibido el Reiki, y si está en condiciones de seguir al niño en esta experiencia.

**Segundo Nivel**: Para que el Reiki entre en la vida de los estudiantes, es preciso que hayan transcurrido al menos tres o cuatro meses desde la iniciación al Primer Nivel. Coste: el equivalente a quinientos dólares (mínimo).

**Iniciación al nivel de Maestro**: Éste es un proceso individual, que debería emprenderse al menos tres años después de la iniciación al Primer Nivel. Coste: el equivalente de diez mil dólares (mínimo).

La formación y el aprendizaje prosiguen después de la iniciación al nivel de Maestro.

A la luz de nuestra experiencia, sabemos que en tanto que Maestros, continuamos evolucionando dando cursos, tratando los enfermos, asistiendo a seminarios y sesiones de formación, prosiguiendo un trabajo interior e individual, observando una disciplina espiritual y estando dispuestos a abrirnos constantemente a la vida.

La decisión de iniciar a otros Maestros depende de la duración, la profundidad y la madurez de nuestra experiencia como Maestros. Es una etapa muy importante.

Entre los criterios sugeridos para este tipo de decisión, encontramos:

- Un mínimo de tres años de experiencia de enseñanza efectiva.
- Haberse liberado completamente de compromisos financieros y energéticos frente al Maestro que nos ha iniciado.
- Al menos un año de trabajo con el candidato al nivel de Maestro.
- La confrontación con el que nos ha iniciado o la aprobación de este último.
- Una discusión con todos los Maestros que hayan iniciado al candidato (al Primero y al Segundo Nivel).
- La asistencia de un Maestro experto, al menos en nuestra primera iniciación de un Maestro (sobre todo en lo que concierne a la puesta a punto del proceso de formación).

## IDEOGRAMAS REIKI

**Primera versión**  **Segunda versión**

# DIRECCIONES ÚTILES

El Reiki está en pleno auge en numerosos países de Europa con la realización de centros y asociaciones que organizan regularmente cursos y seminarios. A continuación indicamos la dirección de las sedes internacionales de la Alianza Reiki y de la A.I.R.A.

Para la Alianza:

> The Reiki Alliance - P.O. Box 5327
> Eugene, OR 97505, USA

Para la A.I.R.A.:

> American International Reiki Association Inc.
> P.O. Box 86038 - St Petersburg, FL 33738, USA

Si desean contactar directamente con el autor para cualquier información la dirección es:

> Giancarlo Tarozzi - Casella Postale 3
> 00030 San Cesareo (Roma), Italia

## IDEOGRAMAS REIKI

### Tercera versión

靈
気

# COLECCIÓN «PLUS VITAE»

- 2 SU VIDA EN SUS MANOS, *por B. Hutchinson.*
- 3 MANUAL DE GRAFOLOGÍA, *por A. Hughes.*
- 17 KINESIOLOGÍA DEL COMPORTAMIENTO, *por J. Diamond.*
- 19 ENCICLOPEDIA COMPLETA DE EJERCICIOS, *por Diagram Group.*
- 23 NUEVO TRATADO DE MEDICINA NATURAL, *por R. Dextreit y M. Abehsera.*
- 25 LA SALUD POR EL COLOR, *por T. Gimbel.*
- 31 PEQUEÑA Y GRAN COCINA VEGETARIANA, *por M. Bédard.*
- 38 LA SALUD Y LAS ESTACIONES, *por E. M. Haas.*
- 46 LIBÉRESE DE LA CELULITIS, *por L. Melamerson.*
- 50 MASAJE Y AUTOMASAJE DE ORIENTE Y OCCIDENTE, *por G. Garaudy.*
- 55 REFLEXOLOGÍA, *por D. E. Bayly.*
- 58 ENCICLOPEDIA COMPLETA DE LOS DEPORTES, *por Diagram Group.*
- 63 EL AGUA DE LA VIDA, *por J. W. Armstrong.*
- 66 DICCIONARIO DE VITAMINAS, *por L. Mervyn.*
- 68 CÓMO EVITAR LA CAIDA DEL CABELLO, *por S. Weller.*
- 72 EL ACEITE DE PRÍMULA, *por J. Graham.*
- 73 CIENCIA HINDÚ-YOGUI DE LA RESPIRACIÓN, *por Y. Ramacharaka.*
- 88 ¡ELIGE LA VIDA! ALIMENTACIÓN Y CÁNCER, *por H. Joyeux.*
- 90 EL LIBRO DE LA MACROBIÓTICA, *por M. Kushi.*
- 91 GUÍA COMPLETA PARA EL CUIDADO Y RECUPERACIÓN DE LA VISTA, *por J. Selby.*
- 92 GUÍA PRÁCTICA DE MEDICINA HOMEOPÁTICA, *por S. Cummings y D. Ullman.*
- 96 TRANSFORME SU VIDA POR LA SOFROLOGÍA, *por T. Loussouarn.*
- 102 ESCLEROSIS MÚLTIPLE, *por J. Graham.*
- 104 ALIMENTOS INCOMPATIBLES, *por D. Grant y J. Joice.*
- 120 EL AJO, *por J. L. López Larramendi.*
- 122 LA CURACION CON LAS MANOS, *por G. Regan y D. Shapiro.*
- 126 REFLEXOLOGÍA DE PIES Y MANOS, *por K. y B. Kunz.*
- 127 LA CURACION POR LA MENTE, *por L. Proto.*
- 128 LA CURACIÓN POR EL MASAJE, *por N. Daves y F. Harrold.*
- 134 EL MILAGRO DE LA SANACIÓN POR EL COLOR, *por V. Wall.*
- 137 ACEITE DE PESCADO, *por C. Shreeve.*
- 138 TRATADO COMPLETO DE TERAPIA SHIATSU, *por T. Namikoshi.*
- 140 VENCIENDO LA CELULITIS, *por N. Rondsard.*
- 141 LOS REMEDIOS FLORALES, *por E. Bach.*

142 MASAJE DE LA ENERGÍA CHAKRA, *por M. Uhl.*
143 AROMATERAPIA DE LA A A LA Z, *por P. Davis.*
144 EL LIBRO DE LA TERAPIA DEL SONIDO, *por O. Dewhurst-Maddock.*
147 MANUAL DE REMEDIOS NATURALES, *por M. Jackson y T. Teague.*
148 LA CURACIÓN POR LAS FLORES, *por E. Bach.*
149 REIKI, *por G. Tarozzi.*
150 COLOR Y PERSONALIDAD, *por A. Kargere.*
151 TÓCAME, MAMÁ, *por E. Porres.*
153 EL LIBRO DE LA TERAPIA DE LOS COLORES, *por T. Gimbel.*
155 TRATADO COMPLETO DE SANACIÓN CON LAS MANOS, *por M. Kushi y Olivia Oredson.*
156 LA SALUD VISUAL POR LA DIETA, *por Y. Cohen.*
157 CÚRESE USTED MISMO, *por D. Ullman.*
158 LOS REMEDIOS FLORALES DEL DOCTOR BACH PARA MUJERES, *por J. Howard.*
159 SUPERSALUD, *por C. H. Godefroy.*
160 EL PODER INTERIOR, *por C. S. Kilham.*
161 LAS 40 PLANTAS MEDICINALES MÁS POPULARES EN ESPAÑA, *por A. Ara Roldán.*
162 LA REVOLUCIÓN DEL NACIMIENTO, *por I. Fernández del Castillo.*
163 LAS ALTERNATIVAS EN LA TERAPIA DEL CÁNCER, *por R. Pelton y L. Overholser.*
164 LOS REMEDIOS FLORALES DEL DR. BACH PARA NIÑOS, *por L. Haward.*
165 LA TERAPIA QI GONG, *por T. Kuo Shih.*
166 LA PRÁCTICA DE LA OSTEOPATÍA, *por G. Roulier.*
167 DESCIFRA LOS MENSAJES DEL CUERPO, *por M. Rush.*
168 EL NUEVO LIBRO DE LOS ALIMENTOS COMPATIBLES, *por J. Dries.*
169 EL TAO DE LA COCINA, *por E. Bauer y U. Karstädt.*
170 EL GRAN LIBRO DE LA ESPALDA, *por C. Roulier.*
171 SALUD HOLÍSTICA CON LA MACROBIÓTICA, *por M. Kushi y E. Esko.*
172 TAO SHIATSU, *por R. Endo.*
173 GUÍA DE ACEITES ESENCIALES, *por W. Sellar.*
174 EL LIBRO DEL DIAGNÓSTICO ORIENTAL, *por M. Kushi.*
175 100 PLANTAS MEDICINALES ESCOGIDAS, *por A. Ara.*
176 200 RECETAS DE LA DIETA HAY DE LOS ALIMENTOS COMPATIBLES, *por I. Dries.*
177 DIETA MEDITERRÁNEA, DIETA INTELIGENTE, *por T. Benaches.*
178 MASAJE AYURVÉDICO, *por Harish Joari.*